IMPORTANCIA DE LA LITURGIA PARA EL CRISTIANO

IMPORTANCIA DE LA LITURGIA PARA EL CRISTIANO

La Liturgia abarca más que la Eucaristía

Manuel Rodríguez Espejo, escolapio

Para realizar pedidos de este libro, contacte con:
Palibrio
1663 Liberty Drive
Suite 200
Bloomington, IN 47403
Gratis desde EE. UU. al 877.407.5847
Gratis desde México al 01.800.288.2243
Gratis desde España al 900.866.949
Desde otro país al +1.812.671.9757
Fax: 01.812.355.1576
ventas@palibrio.com
734388

ÍNDICE

PRÓLOGO

Cada día estoy más convencido de la importancia que tiene la LITURGIA para la vida del cristiano. Y, al mismo tiempo, cada día estoy más convencido también de la poca parte que ha tenido y quizás siga teniendo en la Catequesis Infantil.

No escribo para niños, sino para jóvenes y adultos que deseen profundizar en esta materia, que, debo confesar, resulta un tanto difícil entrar en ella, y, más todavía, ayudar a otros a enamorarse de la Liturgia.

La columna vertebral de este trabajo ha sido la Constitución del Concilio Vaticano II *sobre la Sagrada Liturgia* (SC), que fue la primera que salió a luz. Y en segundo lugar el *Catecismo de la Iglesia Católica.* Dos obras al alcance de muchos.

Desde aquí invito a acercarse a ellas para cotejar y ampliar lo que yo digo, porque merece la pena el tema. Mucho.

Te advierto que vas a encontrar algunas repeticiones conscientes, porque se trata de ideas importantes, que me gustaría que quedaran dentro de ti, en tu corazón mejor aún que en tu cabeza.

CAPÍTULO PRIMERO

SIGNIFICADO DE LA PALABRA "LITURGIA", Y SUS COMPONENTES

Empecemos por anotar que en el Diccionario de la R.A.L, son dos los significados que podemos leer:

1) Orden y forma que ha aprobado la Iglesia para celebrar los oficio divinos, y especialmente la misa.

2) Culto público y oficial instituido por otras comunidades religiosas.

3) El Cardenal Sodano da esta definición: **Se llama liturgia al culto público de la Iglesia, efectuado como Iglesia, en nombre de la Iglesia y en comunión con la Iglesia. Este incluye ritos y ceremonias con que expresamos el culto a Dios. La liturgia principal es la Santa Misa.**

«A través de los signos sacramentales bebemos de las fuentes de la salvación para ser plasmados y transformados hasta conformar nuestra vida con la de Cristo».

4) *liturgia* es el conjunto de signos y símbolos con los *que* la Iglesia rinde culto a Dios y se santifica ella.

5) Liturgia puede definirse como "el conjunto de acciones, fórmulas y cosas con que, según las disposiciones de la <u>Iglesia católica</u>, se da culto público a <u>Dios</u>". En un sentido más teológico puede definirse como "todo culto público del Cuerpo

místico de Jesucristo, o sea de la Cabeza y de sus miembros". O como "el ejercicio del Sacerdocio de Jesucristo por la Iglesia" (Pío XII, Mediator Dei). Es también parte de la Sagrada Tradición.

En el Magisterio de la Iglesia, la palabra "liturgia" se usa por primera vez en la encíclica *Inter Gravissimas* (1832) de Gregorio XVI. Sin embargo, se usará regularmente sólo desde el pontificado de San Pío X a inicios del siglo XX.

Actos Litúrgicos y paraliturgias

Joseph Ratzinger escribió un texto que es totalmente indispensable para conocer todo lo relacionado con la liturgia. Su título es *"El espíritu de la liturgia"* y lleva, digamos, por subtítulo, *"Una introducción"*. Dice muchas cosas importantes que desmontarían con toda facilidad las manipulaciones que pueden producirse en la celebración de la Santa Misa. En concreto, cuando habla de las *"grandes formas rituales"* que constituyen las culturas, se refiere a la forma de puesta en práctica de las mismas: *"La no arbitrariedad es un elemento constitutivo de su misma esencia. En ellos se expresa el hecho de que en la liturgia me espera algo que no hago por mí mismo, entro en contacto con algo mucho más grande y que, en última instancia, tiene su origen en la Revelación"* (*Pág. 189* de la edición, 3ª, 2005, de Ediciones Cristiandad)

Las dos primeras definiciones no hablan de lo más importante, que es lo que tú, querido/a lector/a, vas a poder leer en estas páginas que siguen.

He escrito este libro empujado por mi propia experiencia negativa. He pasado por tres colegios antes de los 10 años: uno de Monjas de la Caridad, otro de Hos. Maristas y otro de Claretianos (por traslados necesarios de mi padre). Y desde los 10 años (Ingreso) estudié todo el Bachillerato de la época en un colegio de sacerdotes escolapios. Íbamos todos los días a misa, antes de empezar las clases. El celebrante nos daba la espalda y hablaba y leía en latín. El otro cura, que cuidaba que nos portáramos bien, NOS 'ENTRETENÍA' con Novenas o discursos bien intencionados.

Conforme fui creciendo y la liturgia fue cambiando, comprendí que no APROVECHÁBAMOS la misa, que posteriormente he sabido que es **la cumbre y la fuente de toda la actividad de la Iglesia.** ¿Quería Dios que no sacáramos provecho de tantas misas "oídas" o la culpa la tenían nuestros curas y catequistas que no nos hablaron del valor de la misa, de cómo hay que vivirla para obtener fruto de ella? Esto es lo que me ha movido a escribir este nuevo libro. ¿Qué pretendo?: deciros a los lectores CÓMO vivir la Eucaristía y toda la Liturgia, que, como veremos, va más allá de la eucaristía. El "cómo" es lo importante en toda acción. Si conocemos la Historia de la Misa, p.ej. no nos extrañará que podamos —y debamos- hacer todavía nuevos cambios, especialmente en nuestra actitud personal.

Es una pena que se vaya a Misa controlando la duración, cuando esto no lo hacemos con la TV; y que salgamos disparados al terminar; que algunos sacerdotes no nos dejen tiempo a los fieles después del "Oremos" que ellos nos mandan antes de las tres Oraciones: (Colecta, Sobre las ofrendas y Poscomunión) para 'expresar lo que desearíamos obtener de la Misa que está comenzando; ni al concluir la Homilía, cuando la hay; ni tampoco una vez terminadas las comuniones (unas veces porque siguen los cantos y otras porque tienen prisa el celebrante o los fieles...

Me cuesta soportar que lean la Palabra personas que no saben leer y menos "proclamar" la Palabra (este término significa: "publicar en alta voz una cosa para que se haga notoria a todos... Dar señales inequívocas de afecto, pasión").

Lo mismo me ocurre cuando en la Homilía el sacerdote simplemente repite lo que se ha leído o sólo explica 'técnicamente' lo leído, en vez de ayudar a que cada uno comprenda que esa Palabra va dirigida a él y espera que conteste en su interior, para lo que nos puede ayudar hacernos la pregunta: ¿qué me dice a mí esta Palabra de hoy?, ¿qué me ofrece y qué me pide?...

QUÉ HEMOS DE ENTENDER POR "CULTO A DIOS"

1. ¿Qué es "dar culto a Dios"?:

Es, fundamentalmente, obedecer esta Palabra: *"creced, multiplicaos, desarrollad la Tierra"*: He de crecer, madurar no sólo en el cuerpo y la inteligencia, sino también en la Fe, la Esperanza y la Caridad, las tres "virtudes sobrenaturales", de las cuales, a la hora de la práctica la más importante es **la caridad** (el amor), porque sólo ella permanecerá en la otra vida.

Echo mano del VOCABULARIO BÍBLICO, de Leon Dufour, para saber lo que es el "culto verdadero":

"El culto <u>recuerda</u> primero los acontecimientos del pasado, cuyas celebraciones renueva; al mismo tiempo <u>los actualiza</u> reanimando así la fe del pueblo en un Dios que está presente y sigue siendo poderoso como en el pasado (Sal 81, 106; Dt 1,11); renovación de la alianza: Jos 24; finalmente, estimula la esperanza del pueblo y su espera del día en que Dios ha de inaugurar su reino y en que las naciones serán unidas a Israel liberado, en el culto del verdadero Dios.

Esta perspectiva de porvenir no adquiere toda su amplitud sino poco a poco, gracias a los profetas que anuncian la nueva alianza (Jer 31,31ss.)

Sobre todo en el libro de la Consolación (Is 45) y en los profetas postexílicos (Is 66,18-23; Zac 14,16-21) donde el Dios único revela su designio: quiere manifestarse a todos los pueblos para obtener de ellos el culto que le es debido como creador y salvador universal.

Los profetas, testigos de este designio, proclaman al mismo tiempo **las exigencias del Dios de la Alianza que no acepta un culto sin alma.** Combaten así a la vez el particularismo nacional y **el formalismo ritual** que pueden impedir que el culto de Israel sea el testimonio eficaz que Dios aguarda de su pueblo…

Ya Samuel afirmaba que **Dios desecha el culto de los que desobedecen** (1º Sam 15, 22). Amós e Isaías lo repiten fuertemente (Am 5; Is 1), y Jeremías proclama en pleno templo la vanidad del culto que se celebra en él, denunciando la corrupción de los corazones (Jer 7)...

La Iglesia naciente no rompe con el culto figurativo del templo sino que lo supera. Como Jesús, los apóstoles <u>oran</u> en el templo y en él también <u>enseñan</u> (Hech 2,46; 5,20). Pero, como lo proclama Esteban, **el verdadero templo es aquel en que Dios habita y donde reina Jesús** (Hech 6,13s; 7,48ss y 55s).

Así Pablo, que por consideración con los judíos convertidos, consiente participar en prácticas cultuales, a las que ellos son fieles (Hech 21,24.26; 1ª Cor 10,32s), no se cansa de predicar que la circuncisión carece de valor y que el cristiano no está ya sometido a las antiguas observancias. El culto cristiano es nuevo (Gál 5,1.6)...

Los ritos que nos unen a Cristo y a su culto entrañan exigencias morales.

Por el bautismo hemos muerto al pecado para vivir de la santa vida de Cristo resucitado (Rom 6,1-11; Col 3,1-10; 1ª Pe 1,14s).

Pecar es, pues, hacerse indigno de comulgar en el cuerpo y en la sangre del Señor, es condenarse, caso de hacerlo (1ª Cor 11,27ss). Por el contrario, seguir a Cristo, unirse, mediante una fidelidad constante al amor que inspiró su sacrificio, es ser una víctima viviente, en la que Dios se complace (Ef 5,1s; Rom 12,1s; 1ªPe 2,5; Heb 12,28).

Entonces, **nuestro culto litúrgico**, con sus cantos de alabanza, **expresa el culto espiritual de nuestra acción de gracias permanente**, al Padre por su Hijo, el Señor Jesús (Col 3,12-17).

El último día tendrán fin los ritos que lo anuncian y que celebramos «hasta que venga» el Cordero, respondiendo a la llamada de su esposa (*marana-tha*, ¡Ven, Señor!) para consumar sus nupcias con ella (1ª Cor 11,26; 16,22; Apoc 19,7 y 22,17). Entonces no habrá ya templo para simbolizar la presencia de Dios; en la Jerusalén celestial la gloria del Señor no se manifestará ya por signos (Ap 21,22). Porque en la ciudad santa de la eternidad los servidores del Señor que le rindan culto no serán ya pecadores, sino hijos, que en el universo renovado e iluminado por la gloria de Dios y del Cordero verán a su Padre cara a cara y beberán en la fuente misma el agua viva del Espíritu (Apoc 21,1-7.23 y 22,1-5.

2. Necesitamos ahondar en más conceptos

Para ahondar en el valor santificador de la Liturgia y llegar a disfrutar con ella, necesitamos profundizar en estos otros conceptos:

2.1. El primer concepto es "espiritualidad": Hoy día no se acepta que el hombre sea algo material y que la espiritualidad sea como un añadido o algo pegado a aquello, sin transformarlo. Toda nuestra realidad es espiritual, porque Jesús nos ha convertido en "hijos de Dios".

El gran reto es el de **conjugar una honda espiritualidad con un compromiso radical**, fórmula nueva para realizar el seguimiento de Cristo y el testimonio evangélico.

El hombre comprometido con los demás es al mismo tiempo el que debe vivir buscando a Dios en su vida diaria. No hay una historia sobrenatural al lado de la natural, sino que la primera se realiza en la segunda, de la misma forma que no hay santidad ajena al crecimiento humano, porque la gracia presupone la naturaleza.

Jesús vino a enseñarnos cómo ser persona, no un conjunto de prácticas religiosas para salvar el alma. Este planteamiento fue una fuente de inspiración para la síntesis genial de S. **Ireneo de Lyon**, tantas veces mencionada en la actualidad: *la gloria de Dios es que el hombre crezca y viva; y la gloria del hombre es encontrarse con Dios, tener <u>experiencias</u> de Él ya en esta vida.*

2.2. El segundo concepto va a ser "Dios-Señor: Padre-Hijo-Espíritu Santo".

Fíjate, querido lector/a, que en la Eucaristía salen repetidamente fórmulas que es necesario comprender. Veamos, p. ej. la expresión "Dios uno y trino":

★ **comenzamos** la eucaristía santiguándonos, en el nombre del Padre, del Hijo y del Espíritu Santo.

★ **en el primero de los saludos** posibles: el sacerdote nos dice: *La gracia de nuestro Señor Jesucristo, el amor del Padre y la comunión del Espíritu Santo esté con todos vosotros.* Observemos, sin embargo, que en nuestra contestación ("y con tu espíritu") esta última palabra ya no la encontramos con mayúscula, porque no se refiere al Espíritu Santo.

★ **en la conclusión del Acto Penitencial,** lo que oímos es "Dios todopoderoso...". La palabra "Dios" puede servir para las tres Personas, si bien la mayoría de las veces indica al Padre.

Ocurre parecido con "Señor", que normalmente se refiere al Padre o el Hijo. Casi nunca al Espíritu Santo; el Credo, que solemos llamar "largo" es una de las pocas veces, en las que decimos así: *Creemos en un solo Dios, Padre todopoderoso... Creemos en un solo Señor, Jesucristo, Hijo único de Dios... Creemos en el Espíritu Santo, Señor y dador de vida, que procede del Padre y del Hijo, que con el Padre y el Hijo recibe una misma adoración y gloria, y que habló por los profetas...*

Es muy importante que cuando rezamos nos fijemos hondamente en lo que decimos. Si lo hacemos así, más de una vez quedaremos sorprendidos de lo que se dice. En esos momentos es cuando estamos orando (rezando) de verdad.

2.3. La alegría litúrgica debe ser un medio de comunión con Dios, porque la liturgia ocupa un lugar importante en la expresión de la fe

Benedicto XVI en su discurso a los obispos de Camerún el 18 marzo 2009 profundizó en el sentido de las celebraciones eclesiales. Y dijo: "La liturgia ocupa un lugar importante en la expresión de la fe. Por lo general, añadió, "estas celebraciones eclesiales en África son festivas y alegres, manifestando el fervor de los fieles, felices de estar juntos, como Iglesia, para alabar al Señor".

Pero advirtió: "es esencial, por tanto, que la alegría demostrada no sea un obstáculo, sino un medio, para entrar en diálogo y

comunión con Dios a través de una verdadera interiorización de las palabras que componen la liturgia, con el fin de que ésta refleje realmente lo que sucede en el corazón de los creyentes, en una unión real con todos los participantes".

Según el Santo Padre, "un signo elocuente de ello es la dignidad de las celebraciones, sobre todo cuando tienen lugar con gran afluencia de participantes".

He aquí una primera condición para que la liturgia nos produzca provecho y no salgamos de sus actos como entramos. Otra la encontramos en el nº 9 de la SC:"… a los creyentes la Iglesia les debe predicar continuamente la fe y la penitencia (palabra que significa, según el Diccionario R.A.L. nº 6: "dolor y arrepentimiento que se tiene de una mala acción, o sentimiento de haber ejecutado una cosa que no se quisiera haber hecho"), y debe prepararlos además para los Sacramentos, enseñarles a cumplir todo cuanto mandó Cristo y estimularlos a toda clase de obras de caridad, piedad y apostolado…".

2.4. La Liturgia es uno de los ámbitos de transformación de los sentidos

Hace tiempo leí este pensamiento (no me acuerdo cuándo ni de quién), que me hizo mucho bien y que he visto confirmado en más de un salmo. Te lo paso, lector, por si te puede servir:

"En la Liturgia se convoca a los cinco sentidos:

La *vista* a través de la presencia de los Iconos, en los que un mínimo de rasgos evocan un máximo de presencia. No se trata de una relación objetual, sino de apertura. No miro, sino que soy mirado.

El *oído*, a través de la escucha de la palabra que contiene la Palabra. También por la evocación de la música. No es de extrañar que últimamente se haya redescubierto el Canto gregoriano por su carácter terapéutico.

El *olfato*, a través del incienso, que eleva al tiempo que recoge.

El *tacto*, en el momento de darnos la paz, sin conocernos, sin intereses, sin retener.

El *gusto*, tomando el cuerpo de Cristo. En este caso, se da un mínimo de gusto para un máximo de sustancia.

Así pues, en la Eucaristía vemos, sentimos, olemos, palpamos y gustamos el cosmos transfigurado. Las apariciones de Cristo resucitado son también una pedagogía para los sentidos: se manifestaba dejándose entrever, pero sin dejar que lo cogiesen. "No me toques; deja que vaya al Padre", dijo a María Magdalena (Jn 20,17). Es decir, María tiene que aprender a realizar la Pascua de sus sentidos: pasar de ser órganos de posesión a órganos de comunión.

En la Eucaristía, el contraste es máximo: vemos sin ver; gustamos sin gustar; y comiendo, nos dejamos transformar: no es Él quien desaparece en nosotros, sino nosotros en Él".

El Concilio Vaticano II dedica el capítulo V de su Constitución sobre la Liturgia (Sacrosanctum Concilium) al **Año litúrgico**, marco dentro del cual se celebra el sacramento de la Eucaristía. Comienza así: "La santa madre Iglesia considera deber suyo celebrar con un sagrado recuerdo en días determinados a través del año la obra salvífica de su divino Esposo. Cada semana, en el día que llamó "del Señor" (el domingo) conmemora su Resurrección, que una vez al año celebra también, junto con su santa Pasión, en la máxima solemnidad de la Pascua.

Además, en el círculo del año desarrolla todo el misterio de Cristo, desde la Encarnación y la Navidad hasta la Ascensión, Pentecostés y la expectativa de la gozosa esperanza y venida del Señor. Conmemorando así los misterios de la redención, abre las riquezas del poder santificador y de los méritos de su Señor, de tal manera que, en cierto modo, se hacen presentes en la Liturgia.

REQUISITOS PARA OBTENER FRUTO DE LA LITURGIA

Más concreto aún es lo que leemos en el n° 11 de la SC: "Pero para asegurar esta plena eficacia (de los actos litúrgicos), es necesario que los fieles se acerquen a la Liturgia con:

*recta disposición de ánimo,

*pongan su alma en consonancia con su voz,

*y colaboren con la gracia divina, para no recibirla en vano (2ª Cor 6,1).

*Por esta razón, los pastores deben vigilar para que en toda acción litúrgica no sólo se observen las leyes, sino también para que los fieles participen en ella:

+consciente,

+activa

+y fructuosamente" (SC n° 11).

En el n° 14 vuelve la SC a la carga, lee despacio: "La Iglesia desea, ardientemente, que se lleve en las celebraciones litúrgicas a TODOS los fieles a aquella:

+participación plena,

+Consciente

+y activa

que exige la naturaleza misma de la Liturgia y a la cual tiene derecho y obligación el pueblo cristiano, en virtud de Bautismo" (1ª Pe. 2, 9; cf. 2, 4-5).

Todavía sigue insistiendo: "Al reformar y fomentar la Sagrada Liturgia, hay que tener muy en cuenta esta plena y activa participación de todo el pueblo, porque la Liturgia es la fuente primaria y necesaria de donde han de beber los fieles el espíritu verdaderamente cristiano; y por ello mismo los sacerdotes en toda su acción pastoral han de esmerarse en dar a los fieles una educación litúrgica adecuada".

En los puntos 14-18 de la SC se insiste en la necesidad de una buena educación litúrgica de los sacerdotes y religiosos durante sus años de formación, porque 'nadie da lo que no tiene'. Y en el n° 19 vuelve sobre el tema: "Los pastores fomenten con diligencia y paciencia la educación litúrgica y la participación de los fieles:

+activa,

+interna y externa,

+conforme a su edad,

+condición,

+género de vida

+y grado de cultura religiosa,

Cumpliendo así el Sacerdote una de las funciones principales del fiel dispensador de los Misterios de Dios (el sacerdote); y en este punto guíen a sus fieles, no sólo de palabra, sino también con el ejemplo".

La alabanza al Padre y la santificación del hombre, Cristo la realiza dentro de la liturgia de la Iglesia, mediante signos. -la liturgia cristiana- el culto inaugurado por Cristo es espiritual y sensible: vemos que utilizando "cosas" (signos) sensibles (pan, vino, agua, aceite, palabras, gestos, actitudes...) se producen realidades espirituales: la gracia, la salvación, la santificación.

Para aprovechar la riqueza espiritual de la liturgia **necesitamos comprender los signos sagrados.**

Observa muy bien estas tres cosas:

1) que en tres puntos la SC ha repetido cómo tiene que ser la participación de los fieles en las celebraciones litúrgicas. Señal de la importancia que le da.

2) La palabra "celebración" significa: reverenciar, venerar solemnemente con 'culto público' los misterios de la religión y la memoria que se hace en ellos.

3) Y "misterio" significa cada uno de los hechos de la vida, pasión y muerte de Jesucristo, del que emana (sale), para quien cree en Él, fuerza salvadora, por ser un hecho histórico, real de Jesucristo. Hemos de tener mucho cuidado, pues, con estas tres actitudes y no caer en la trampa de hacer y decir cosas por puro hábito, sin darnos cuenta de lo que hacemos o decimos. ¡Cuántos rezos no cumplen estos tres requisitos!

La Liturgia no abarca toda la 'vida espiritual'

Pero ¡ojo!, la liturgia, siendo tan importante y poderosa para santificarnos, sobre todo con la participación en la Eucaristía, que es el sacramento <fuente y cumbre de toda la acción de la Iglesia>, **no** abarca toda la 'vida espiritual'.

Tengamos mucho cuidado con esa expresión "vida espiritual", por lo que vas a leer a continuación: En efecto, el cristiano está llamado a orar en común (liturgia), pero todo cristiano debe, no obstante, entrar también en su cuarto para orar al Padre en secreto, según enseña 1ª Tes. 5,17.

El mismo San Pablo nos exhorta a llevar siempre la mortificación de Jesús en nuestro cuerpo, para que también la vida de Cristo se manifieste en nuestra carne mortal (2ª Cor. 4, 10-11).

Que cuando digamos que el Señor quiere que seamos 'felices' sepamos que esa felicidad es la de Jesús, María, José… que no tuvieron una vida placentera, sino bastante dura. Y no caigamos en las garras del 'mundo' en lo que tiene de negativo.

Además de las "acciones litúrgicas" se recomiendan los "**ejercicios piadosos**, *siempre que se organicen teniendo en cuenta los 'tiempos litúrgicos', de modo que vayan de acuerdo con la Sagrada Liturgia –fíjate bien-, en cierto modo deriven de ella y conduzcan al pueblo a ella*, ya que la Liturgia por su naturaleza está muy por encima de los "ejercicios piadosos". Observa con qué equilibrio la SC puso a cada cosa en su sitio.

Otra afirmación muy importante: *En la celebración litúrgica (de la Eucaristía), la importancia de la Sagrada Escritura (= la Palabra de Dios)_es* **sumamente grande** (SC, 24)

EN LA LITURGIA HAY PARTE INMUTABLE Y PARTE SUJETA A CAMBIO

Para que en la Sagrada Liturgia el pueblo cristiano obtenga con mayor seguridad gracias abundantes, la madre Iglesia deseó, en el Concilio Vaticano II, proveer con solicitud a una reforma general, porque la Liturgia consta de una parte que es inmutable y de otras partes sujetas a cambio.

El conjunto de la liturgia, mediante el cual, especialmente en la celebración de la eucaristía, "se ejerce la obra de nuestra redención" *(SC 2),* no agota ciertamente la actividad de la iglesia (SC 9), pero **es la** *cumbre y* **la** *fuente* **de toda acción eclesial** (SC 10). "**Toda celebración litúrgica**, por ser obra de Cristo sacerdote y de su cuerpo (la Iglesia) **es acción sagrada por excelencia, cuya eficacia... no la iguala ninguna otra acción de la iglesia**" (SC 7).

Ahora bien, <u>La Liturgia ha estado sujeta a un continuo cambio a lo largo de la historia.</u>

En ella ciertamente existe "una parte que es inmutable, por ser de institución divina"; y "otras, sujetas a cambio, que en el paso del tiempo pueden y aun deben variar..." (SC 21). Pero esto no depende de cada fiel. Intentaremos ver, con la máxima sencillez posible la historia de esos cambios, del devenir, del desarrollo y de las correcciones que en el curso de dos milenios han ido dando vida, si bien de una manera lenta, al imponente edificio de la Liturgia de la Iglesia, a partir del origen divino establecido en Jesucristo.

Pero antes de proseguir debemos dejar claro todo lo que la liturgia abarca: los siete sacramentos, los sacramentales…

COMPONENTES DE LA LITURGIA:

He aquí la lista de componentes de la Liturgia:

Es innecesario decir que no todos estos "componentes" que vamos a enumerar tienen el mismo valor.

.**Signos y Símbolos:** estos son los más importantes y, especialmente, cómo los vive el creyente. La liturgia y la vida cristiana están llenas de signos y símbolos. PERO suelen ser ambiguos, porque los podemos manipular, como hacemos con las palabras, p.ej. el beso puede significar amor, pura fórmula social o traición (como el de Judas); No siempre el que pone un símbolo le da el mismo significado de aquel otro que lo interpreta.

Las ideas son la representación <u>mental</u> de algo físico, p.ej. monte. Por **"signo"** entendemos: cosa que evoca en el entendimiento la idea de otra"; y por **"Símbolo":** cosa sensible que se toma como representación de otra".

El significado que yo doy a cada signo o símbolo debe venir refrendado por mis acciones. La inclinación de cabeza y los golpes de pecho, son **signos** de veneración y de arrepentimiento respectivamente; **símbolo** p. ej. es la Cruz, del amor de Cristo que ha dado su vida por nosotros; hay también símbolos episcopales: la mitra, el báculo…

- **gestos**: las manos juntas, extendidas…

- **posturas:** de pie, sentado, inclinación de cabeza, de rodillas…

- **palabras**: unas las pronuncia el presidente en voz baja y otras en voz alta

- **ritos:** compuestos por gestos y palabras, en el desarrollo de una acción

- **acciones:** el bautismo, la eucaristía, el perdón de los pecados, la confirmación, la bendición antes de comer o de un coche nuevo, las exequias de un entierro...

- **música:** de solista, polifónica... gregoriana...

- **lugares:** el altar = la mesa sobre la cual se celebra la Eucaristía; el ambón = especie de atril alto desde el cual se proclama la Palabra; la sede = silla o sillón para el presidente; presbiterio = lugar donde están los sacerdotes que concelebran...

- **libros:** el misal, los leccionarios, el Breviario...

- **ropas:** las vestiduras del sacerdote, alba, estola, casulla (de seis colores distintos: blanca, verde, morada o negra, roja, rosa y azul), capa pluvial...

Mantengamos claro que **las realidades visibles de la Liturgia nos hacen gustar las realidades de la Gracia** por medio de la mirada interior de la fe, que la Liturgia aviva en nosotros. Valoremos siempre su talante simbólico y la importancia de los gestos y ritos litúrgicos

CAPÍTULO SEGUNDO

BREVE HISTORIA DE LA LITURGIA

Los comienzos

La verdadera tarea de la liturgia es **la adoración y glorificación del Dios** vivo **y la salvación de los hombres**, mediante la realización (=hacer presente, actualización) del misterio salvífico de la pascua de Cristo (= paso de la muerte a la resurrección). A fin de que esto fuese posible, los apóstoles predicaron y reunieron a los fieles para realizar "acciones cultuales".

1. ¿QUÉ ES ADORAR AL SEÑOR?

"Tú y yo ¿adoramos al Señor? ¿Acudimos a Dios sólo para pedir, para agradecer, o nos dirigimos a él también para adorarlo?

Adorar a Dios significa, según el Papa Francisco

Aprender a estar con él, a pararse a dialogar con él, sintiendo que su presencia es la más verdadera, la más buena, la más importante de todas.

Adorar al Señor quiere decir: darle a él el lugar que le corresponde; quiere decir afirmar, creer que únicamente él guía verdaderamente nuestra vida; adorar al Señor quiere decir   que estamos convencidos ante él que es el único Dios, el Dios de nuestra vida, el Dios de nuestra historia. Esto tiene una consecuencia en nuestra vida: despojarnos de tantos ídolos, pequeños o grandes, que tenemos, y en los cuales nos refugiamos, en los cuales buscamos y tantas veces ponemos nuestra seguridad. Son ídolos que a menudo mantenemos bien escondidos;

pueden ser la ambición, el gusto del éxito, el poner en el centro a uno mismo, la tendencia a estar por encima de los otros, la pretensión de ser los únicos amos de nuestra vida, algún pecado al que estamos apegados, y muchos otros…

¿He pensado en qué ídolo/s oculto/s tengo en mi vida que me impide/n adorar al Señor?

Adorar es despojarse de nuestros ídolos, también de esos más recónditos, y escoger al Señor como centro, como vía de nuestra vida…

El Señor nos llama cada día a seguirle con valentía y fidelidad, nos ha concedido el gran don de elegirnos como discípulos suyos; nos invita a proclamarlo con gozo como el Resucitado, pero nos pide que lo hagamos con la palabra y el testimonio de nuestra vida en lo cotidiano… Nos invita a despojarnos de tantos ídolos y adorarle sólo a él. Anunciar, dar testimonio, adorar"

2. ESTAS OTRAS PALABRAS NOS LAS DEFINE el Dic. de la R.A.L.:

Glorificar: Reconocer y ensalzar al que (ya) es glorioso tributándole alabanzas

Glorioso: digno de honor y alabanza

Glorificación: Alabanza encarecida que se tributa a una cosa (o persona) digna de honor, estimación o aprecio.

GLORIA: 1. En la doctrina cristiana, vista y posesión de Dios en el cielo; es uno de los cuatro novísimos. 3. Reputación, fama y honor que resulta de las buenas acciones y grandes calidades. 6. Majestad, esplendor, magnificencia.

Y en el Diccionario de Teología, de L. Bouyer, Edit Herder'1983, p. 296 se dice: *Gloria: tal como se usa en la Escritura, en particular cuando se trata de la gloria de Dios, esta palabra no significa, como en nuestras lenguas modernas, una buena fama o un honor que se concede a alguien. Derivada de un vocablo que significa <peso> la gloria bíblica expresa la realidad que se impone* *por sí misma. Así, la manifestación del poder divino, que será el aplastamiento de los egipcios en el mar Rojo, es anunciada en estos términos: <A la mañana veréis la gloria del Señor> (Ex 16,7)... En el N.T. esta gloria que es la irradiación del poder de Dios y de la santidad divina, va a revelarse como la irradiación de una vida que es amor y que se comunicará en la pasión de Cristo. La gloria acompaña a su nacimiento (Lc 2,9), se manifiesta en su bautismo en los cielos que se abren (4,21), pero sobre todo en la transfiguración (9,28ss; cf. 2ª Pe 1,17ss). Estas manifestaciones son como los signos precursores de <la venida del Hijo del hombre en su gloria> (Mt 24,30; cf. Mc 8,38). Pero la última está puesta en relación explícitamente con la pasión que se acerca... (pág. 297)... Desde que plugo a Dios crear, sus criaturas no pueden realizar su fin más que glorificándole.*

GLORIA DE DIOS Y "GLORIA AL PADRE..." (en el **Diccionario de Teología moral**, de Francesco Roberti, Edit Litúrgica Española, 1960) *se nos explica el significado de "gloria": "la gloria formalmente entendida consiste en que la excelencia de un ser intelectual sea conocida y alabada; S. Agustín la define <clara noticia con alabanza>. El fundamento de la gloria formal (= gloria objetiva) es la excelencia de un ser intelectual y también la manifestación de sus dotes egregias en las obras realizadas por él... La gloria externa y formal de Dios consiste en que las criaturas intelectuales conocen a Dios y tienden libremente a él como fin último: entre los actos que constituyen la gloria formal de Dios, el amor del Señor sobre todas las cosas es en este mundo el principal. OBLIGACIÓN DE GLORIFICAR A DIOS: ... El hombre que tiene obligación de glorificar formalmente a Dios en todas sus ACCIONES LIBRES, es perfecto en la medida en que da esta gloria al Señor".*

Origen e historia del "Gloria al Padre, al Hijo y al Espíritu Santo...": este gloria, llamado también doxología menor, indica una fórmula litúrgica para glorificar a Dios uno y trino; se atribuye a S. Dámaso Papa y tiene una riquísima tradición literaria. Según Orígenes toda oración ha de terminar con la alabanza a Dios (Padre) por Cristo en el Espíritu Santo.

3. "**La noción integral de culto cristiano,** con todas las componentes propias del culto y expresivas de la actitud específica que nos viene de la plenitud de la revelación de Cristo, **puede definirse con estas palabras de S. Marsili**: <*El momento en que los hombres, habiendo tomado conciencia de su inserción en Cristo, realizan* *en sí, según formas propiamente cultuales (adoración, alabanza, acción de gracias) externamente manifestadas, aquella misma totalidad de servicio a Dios que Cristo rindió al Padre, aceptando plenamente su voluntad en la escucha constante de su voz y en la perenne fidelidad a su alianza>"* (Nuevo Diccionario de Liturgia, Edics Paulinas, 1987, pág. 509).

4. En la vida de Jesús

Podemos hablar de primeras formas de "acciones cultuales" solamente en la edad apostólica. En los evangelios se refiere que el fundamento y los primeros pasos de esas "acciones cultuales" se deben buscar en la vida de Jesús anterior a la resurrección.

Para los evangelistas Jesús es hijo de una familia que vive según la ley de Moisés: circuncisión del niño al octavo día (Lc 2,21) purificación en el templo (2,22), peregrinación anual de toda la familia al templo por la fiesta de pascua (2,41). Al comienzo de su actividad pública, Jesús se hace "bautizar" por Juan (3,21; Mt 3,13ss; Mc 1,9ss); enseña en las sinagogas (Mc 1,21; Mt 4,23; Lc 4,14ss) y participa activamente en el culto sinagogal (Lc 4,17-21). Es el gran orante, que pasa las noches en oración (Lc 6,12) y enseña a los discípulos a orar (Lc 11,1-4: el Padre Nuestro, que es más que una oración; es, además, un programa de vida).

Con frecuencia Jesús se acerca al templo, aunque nunca se nos dice que participe en los sacrificios que allí se realizaban. Pero celebra las fiestas de Israel, y sobre todo, celebra con sus discípulos la cena pascual, en la que introduce <la nueva acción memorial de la ofrenda de su cuerpo y de su sangre en el pan y el vino>. Pronunció, muchas de las oraciones diarias de los judíos piadosos: conoce v recuerda el *Schemá Israel* (="Escucha, Israel") de la oración de la mañana (Mc 12,29), utiliza las *alabanzas (berakoth)* (Mc 6,41; 8,7; 14,22-23).

Jesús hace sentir valientemente su crítica y propugna la pureza y la sencillez del culto: cuando expulsa a los vendedores del templo (Mc 11,15); cuando explica la recta observancia del sábado, del que es 'señor' el Hijo del hombre (Mc 2,18-28); cuando exige una actitud interior recta en el sacrificio, y sobre todo en la oración (Mt 5,23; 6,5ss; Lc 18,13). Juan pone en sus labios palabras relativas al verdadero culto de Dios: *"Llega la hora, y ésta es, en que los verdaderos adoradores adorarán al*

Padre en espíritu y en verdad" (Jn 4,23). Si habla del "verdadero culto" es porque hay un "culto falso". ¡Cuidemos lo que hacemos, por qué lo hacemos y cómo lo hacemos, para no caer en un culto falso!

Incluso hablan los evangelistas de la explícita institución de "acciones cultuales", p. ej.: el mandato de bautizar (Mt 28,19s) y el encargo de celebrar la cena:"Haced esto en memoria mía"(Lc 22,19).

5. Las primeras realizaciones apostólicas

Enviados por el Señor y fortalecidos por 'la ayuda de lo alto', los apóstoles predicaron la Buena Noticia (=el Evangelio), la resurrección, el perdón de los pecados y el don del Espíritu Santo (He 2,38-40). Administraron el bautismo, y los nuevos discípulos se agruparon alrededor de ellos: "Perseveraban en la enseñanza de los apóstoles, en la comunión, en la fracción del pan y en las oraciones" (Hech. 2,41-42). Seguían participando cotidianamente en el culto del templo, mientras que en las casas hacían una comida en común, *"partían el pan... con alegría y sencillez de corazón, alabando a Dios"* (Hech. 2,46s). Entre los actos cultuales del templo se menciona, por ejemplo, la oración "a la hora de nona" (última de las cuatro partes en que dividían los romanos el día artificial) (Hech. 3,1).

6. Las grandes familias litúrgicas

La primitiva comunidad apostólica de Jerusalén constituye el punto de partida. Pero ya aquí, junto a los judeocristianos que hablaban arameo, encontramos a los helenistas" (cf. Hech 3,9-11; 6,1. Se forman nuevas comunidades en Samaria (Hech 8,5-25), en Cesarea (8,40), Damasco (9,1), Antioquía (13,1), Chipre (13,4ss), y luego en toda Asia Menor y en Grecia y, finalmente, en Roma y España

7. La liturgia romana clásica

Sus comienzos hay que colocarlos en la situación general de libertad que se instauró después del edicto de Milán del 313. Surgen los grandes edificios de la iglesia catedral de Letrán y las basílicas sobre las tumbas de los apóstoles. Las exhortaciones preocupadas de diversos Sínodos africanos (=reunión de los Obispos para tratar un problema) dejan adivinar un desarrollo tumultuoso de textos litúrgicos.

Si todas las liturgias occidentales se distinguen claramente de las formas del Oriente, es necesario añadir que el rito romano se distancia también de las formas todavía más ricamente desarrolladas del rito hispánico y visigótico.

Demos un gran salto en la historia y citamos las reformas del Concilio de Trento y la inspirada en el "movimiento litúrgico" con Pío V; la encíclica "Mediator Dei", y la Vigilia pascual de Pío XII; y llegamos a la profunda reforma que pidió el Concilio Vaticano II, que todavía no está concluida.

8. LAS DIVERSAS FASES DE L.A OBRA DE SALVACIÓN REALIZADA POR CRISTO Y ACTUALIZADA EN LA LITURGIA

Jesucristo es el centro de todo el culto cristiano, el único mediador entre Dios y los hombres (1 Tim 2,5). Toda la predicación apostólica pretende "llegar al conocimiento del misterio de Dios, que es Cristo" (Col 2,2).

Dos cosas muy importantes se afirman en estas pocas palabras:

1) que **el centro de todo el culto cristiano es Jesucristo** ¿Te ha quedado claro?

2) que **el único mediador** entre Dios y los hombres **es Jesucristo**. ¿Cómo es, pues, que haya cristianos que no invocan a Jesús, sino a María y algún Santo de su devoción? Tengamos claro que el único Mediador y centro de la Liturgia es Jesucristo, todos los demás son, como se dice "el dedo que apunta a la luna" y ya sabemos la recomendación: "no te quedes mirando el dedo, sino sigue hasta ver la luna"

9. Hacia Cristo tiende toda la historia de la salvación: *"Dios, que quiere que todos los hombres se salven…, habiendo hablado antiguamente en muchas ocasiones de diferentes maneras a nuestros padres por medio de los* *profetas (Heb 1, 1), cuando llegó la plenitud de los tiempos envió a su Hijo, el Verbo hecho carne, ungido por el Espíritu Santo, para evangelizar a los pobres y curar a los contritos de corazón (Is 61,1; Lc 4, 18), como médico espiritual y corporal, Mediador entre Dios y los hombres... Por esto, en Cristo "se realizó plenamente nuestra reconciliación y se nos dio la plenitud del culto divino".*

Esta es la obra salvífica realizada en la Historia de la salvación, que ocupa el centro de todo nuestro culto: "Esta obra de la redención humana y de la perfecta glorificación de Dios, preparada por las maravillas que Dios obró en el pueblo de la antigua alianza, Cristo la realizó principalmente por el Misterio Pascual de su bienaventurada Pasión, Resurrección de entre los muertos y gloriosa Ascensión. Por este misterio, "muriendo destruyó nuestra muerte y resucitando, restauró nuestra vida" (cf. Prefacio Pascual I del Misal). Pues del costado de Cristo dormido en la cruz nació" el sacramento admirable de la iglesia entera" (SC 5).

10. Veamos lo que dicen los restantes Prefacios pascuales, para que ahondes bien en el significado de la Pascua del Señor:

El Prefacio Pascual II dice: *"Por Él, los hijos de la luz amanecen a la vida eterna, los creyentes atraviesan los umbrales del Reino de los cielos; porque en la muerte de Cristo y en su resurrección hemos resucitado todos".*

El Prefacio Pascual III: *"porque él no cesa de ofrecerse por nosotros, de interceder por todos ante ti (Padre); sacrificado, vive para siempre".*

El Prefacio Pascual IV: *"Porque en Él fue demolida nuestra antigua miseria, reconstruido cuanto estaba derrumbado y renovada en plenitud la salvación·*

El Prefacio Pascual V: *"Porque Él, con la inmolación de su cuerpo en la Cruz, dio pleno cumplimiento a lo que anunciaban los sacrificios de la antigua alianza, y ofreciéndose a sí mismo por nuestra salvación, quiso ser al mismo tiempo sacerdote, víctima y altar".*

Ahora no te llamará la atención que los cinco Prefacios comiencen y concluyan exactamente igual: empiezan así: *"En verdad es justo y necesario, es nuestro deber y salvación glorificarte siempre, Señor; pero más que nunca en este tiempo (pascual) en que ha sido inmolado Cristo, nuestra pascua (= paso de la muerte a la vida)".* Y terminan los cinco: *"Por eso, con esta efusión de gozo pascual, el mundo entero se desborda de alegría, y también los coros celestiales, los ángeles y los arcángeles, cantan sin cesar el himno de tu gloria:* Santo, santo, santo…"

Querido lector/a, vuelve a leer con máxima atención estas palabras: Cristo <u>realizó</u>: algo ya hecho, que no es como la lotería: que me puede tocar o no. Todo depende ahora de tu actitud, tu docilidad, tu querer de verdad alcanzar ese puesto que Dios te tiene preparado desde toda la eternidad. Tu muerte y la mía son un simple cambio. No termina nuestra vida, cambiamos de modo de vivir.

Y de la Resurrección de Cristo ya estamos participando, no hemos de esperar a 'morir'. Si no crees esto, que parece tan incomprensible, es que tu fe todavía tiene que crecer mucho.

11. Así como Cristo fue enviado por el Padre, él a su vez envió a los Apóstoles Y en ese envío entramos también nosotros, tú y yo. Pero observa: no sólo los envió a predicar el Evangelio (=la Buena Noticia) a toda criatura y a anunciar que el Hijo de Dios, con su Muerte y Resurrección, nos libró del poder de Satanás y de la muerte (=somos inmortales desde el Bautismo, porque para los que creemos de verdad, la muerte no es el final de la vida, sino un cambio de ésta); sino que también fuimos enviados por Cristo para ***realizar la obra de salvación***, mediante el Sacrificio eucarístico y los otros seis Sacramentos, en torno a los cuales gira toda la vida litúrgica" (SC 6).

Ahora entenderás por qué llamamos a los tres primeros Sacramentos -Bautismo, Comunión (=primera eucaristía completa, en la que comulgas) y Confirmación- los "Sacramentos de la Iniciación Cristiana"

Quiero recordarte que "Sacramento" significa: 'signo eficaz', es decir, que produce lo que significa; en el caso del Bautismo, que quedas limpio del <pecado original> con el que nacemos todos y de los <pecados personales> que cometió el adulto que se bautiza. Es además el que te introduce en la Iglesia de Jesús; sin él no formas parte del "Cuerpo de Cristo", ni puedes recibir ninguno de los otros seis Sacramentos.

A la mal llamada "Primera Comunión" deberíamos cambiarle el nombre, porque se presta a que separemos la "comunión" de todo el resto de la misa, o pensemos que es lo único importante. Pero, presta atención:

12. La Eucaristía (palabra que significa "acción de gracias) **tiene dos partes** (dos mesas) **igual de importantes**:

1ª) la Palabra que se proclama, que cada día es distinta;

2ª) todo lo que va desde el Pre-facio (lo 'previo a la acción') a la consagración del pan y el vino (cuerpo y sangre de Cristo) y el ofrecimiento de este cuerpo y sangre de Cristo al Padre Dios, en señal de nuestro agradecimiento. ¿Verdad que cuando le hacen a una persona un favor, éste suele corresponder con un regalo? ¿Y qué regalo mejor que la obediencia de Jesús hasta la muerte en cruz para la salvación de todos?... "Todos" los que se dejen salvar, porque él no nos va a violentar. Por eso es necesario que con el pan y el vino nos presentemos también cada uno de los presentes, que se da por supuesto que queremos imitar a Cristo en dar nuestra vida para el servicio de quienes nos necesitan, como hizo Jesús.

Esta **presentación** se hace en lo que llamamos el "ofertorio", por lo que debería llamarse "Presentación del pan y el vino", porque como te acabo de decir el **ofrecimiento** viene después de la consagración. ¡No te estoy liando! No. Te estoy ayudando a entender y distinguir los dos momentos: presentar el pan/vino y ofrecer al Padre el sacrificio de Cristo.

13. Veamos ahora lo que dicen las Plegarias eucarísticas en este momento:

- la Plegaria 1ª: *"Por eso, Señor, nosotros, tus siervos, y todo tu pueblo santo, al celebrar este **memorial** de la pasión gloriosa de Jesucristo, tu Hijo, nuestro Señor; de su santa resurrección del lugar de los muertos y de su admirable ascensión a los cielos, **te ofrecemos**, Dios de gloria y majestad, de los bienes que nos has dado, el sacrificio puro, inmaculado y santo (de tu Hijo): pan de vida eterna y cáliz de eterna salvación...".*

La palabra "memorial" significa: escrito en el que se pide una gracia, y también Cuaderno de notas. ¿Y cuáles son las 'notas' que recordamos, mejor dicho, que actualizamos con toda su fuerza salvadora?: la pasión, resurrección y ascensión al cielo de Jesús

- la Plegaria 2ª: *"al celebrar ahora el* **memorial** *de la muerte y resurrección de tu Hijo, te ofrecemos, PADRE, el pan de vida y el cáliz de salvación, y* <u>*te damos gracias*</u> *porque nos haces dignos de estar en tu presencia* **celebrando esta liturgia**".

En este texto quiero reseñar dos cosas: que todo lo que el sacerdote y los fieles decimos va dirigido al Padre, generalmente bajo el nombre de 'Señor'. Sólo hay en la Misa una oración que se dice a Jesús (*Señor Jesucristo que dijiste a los Apóstoles: "Mi paz os dejo, mi paz os doy"... concédele a tu Iglesia la paz y la unidad..."*. Y "celebrando esta liturgia": el verbo "celebrar" no necesita explicación ¿verdad? ¿Estás tú siempre, lector/a, con espíritu de fiesta o con cara triste, como cumpliendo una obligación pesada, deseando que termine? ¿Ves qué importante y necesario es que pongamos en sintonía la voz con el ánimo, para obtener fruto?...

- la Plegaria 3ª: *Así, pues, PADRE al celebrar ahora el memorial de la* pasión *salvadora de tu Hijo, de su admirable* <u>resurrección</u> *y* <u>ascensión</u> *al cielo, mientras esperamos* (activamente) <u>*su venida gloriosa*</u>*, te ofrecemos, en esta 'acción de gracias'* (lo que significa y es la eucaristía) *el sacrificio vivo y santo. Dirige tu mirada sobre la ofrenda de tu Iglesia, y reconoce en ella la Víctima (tu Hijo) por cuya inmolación quisiste devolvernos tu amistad, para que,* <u>*fortalecidos*</u> *con el Cuerpo y la Sangre de tu Hijo y* <u>*llenos de su Espíritu Santo*</u>*, formemos en Cristo un solo cuerpo y un solo espíritu.* **Que él nos transforme en ofrenda permanente** *para que gocemos de tu heredad junto con tus elegidos:..."*.

Es la fórmula que a mí me gusta más, porque nos recuerda que Jesús volverá; que su cuerpo nos fortalece; y que debemos transformarnos cada uno de nosotros en <ofrenda permanente>.

- la Plegaria 4ª: *"nosotros, Señor (Padre) al celebrar ahora el memorial de nuestra redención, recordamos la muerte de Cristo y su descenso al lugar de los muertos, proclamamos su resurrección y ascensión a tu derecha; y mientras esperamos (activamente) su venida gloriosa, te ofrecemos su Cuerpo y Sangre, sacrificio agradable a ti y salvación para todo el mundo… concede a cuantos compartimos este pan y este cáliz, que, congregados en un solo cuerpo* (la Iglesia) *por el Espíritu Santo, seamos, en Cristo, víctima viva para tu alabanza"*.

---¿Qué destacarías tú en esta fórmula? Yo marcaría que Jesús se entregó "para salvación de todo el mundo"; y el final: "**que seamos**, en (= como) Cristo, **víctima viva para alabanza (del Padre)**".

---Un buen ejercicio sería comparar las cuatro fórmulas para ver lo que tienen en común y lo que cada una de ella añade a las otras. Hay ocho Plegarias eucarísticas más, pero, para no alargar este punto, no las toco.

14. Permíteme que te explique otra cosa: la "comunión" (= común-unión) **es un momento muy importante**. Es el acto de 'comer' la comida que hemos preparado. --- ¿Qué comemos?: el cuerpo y la sangre (aunque sólo tomemos el pan) de Jesús vivo, resucitado, como está ya en lo que llamamos 'cielo'. Y ahora te pregunto: ¿a un Restaurante a qué se va, a comer o a ver comer a los otros? Ya sé lo que has respondido. Ahora, otra pregunta. Por eso quiero que tú no seas como esos que van a la misa entera y no comulgan. ¿Por qué no comulgan?: normalmente porque están en pecado mortal y no lo han confesado. Tú ya sabes que hay pecados muy gordos que los llamamos "mortales", porque producen la 'muerte' de la relación del individuo con Dios. No digo de Dios con nosotros, porque Él nunca rompe la relación con cada uno, sigue llamando a nuestra puerta, pero nosotros, como libres que somos, sí que podemos apartarnos de Él.

---En las primeras comunidades cristianas se mencionan muchos "actos litúrgicos", por ejemplo, la oración "a la hora de nona" (Hech 3,1); el baño (la inmersión) bautismal, administrado "en el nombre del Señor Jesús" (Hech 19,5); a éste sigue la imposición de las manos para comunicar el Espíritu Santo (He 8,15-17; 19,5-6); la reunión de la comunidad para hacer <una comida de una naturaleza especial>, consistente en una "fracción del pan" (el nombre primero de lo que hoy llamamos misa o eucaristía) acompañada de una "eucaristía" (= palabra que significa 'acción de gracias') y en la ofrenda del pan y del cáliz, sobre la que se pronuncia :*"cuantas veces coméis este pan y bebéis este cáliz anunciáis la muerte del Señor hasta que venga"* (1ª Cor 11,20-26 y 10,16-17).

---En estos alimentos se recibe el cuerpo y la sangre del Señor, como explica ampliamente Jn 6. Esa 'comida' se incluía dentro de otra normal completamente. Por Hech 20,7-11 vemos ya que tiene lugar al final de una catequesis (= enseñanza doctrinal) bastante larga por obra del Apóstol (20,7), y precisamente en el "primer día de la semana" (= el domingo); es decir, el día en que el Señor se apareció a los suyos después de la resurrección; en el que descendió el Espíritu Santo sobre los apóstoles; en el que, según 1ª Cor 16,2, se hacía la colecta dentro de la asamblea de la comunidad, día que en Apoc. 1,10 ya se llama "día del Señor". Se practica mucho la oración en común, y se ora con constancia, participando en las horas de oración en el templo o en la sinagoga, o bien dentro de la comunidad ya separada de los judíos, y se ora también de noche (Hech 16,25: hacia medianoche).

---Observa que no se dice "rezar/rezo", sino **"orar"**, que no es recitar textos aprendidos de memoria, algunas veces sin darme cuenta de lo que digo, sino escuchar a Dios y contestarle, con otras palabras: dialogar con Dios de tú a tú, como lo hago con mis padres, mis hermanos o mis compañeros y profesores.

Recordemos otra "acción litúrgica-Sacramento": en caso de enfermedad los *presbíteros (= sacerdotes)* oraban sobre el enfermo y lo ungían con aceite en nombre del Señor para que sanase y obtuviese la remisión de los pecados (Sant 5,14-15).

15. Todo se centraba siempre en el Señor Jesús, porque en Él se han cumplido las promesas; hacia Él ha conducido la Ley como pedagogo (Gál 3, 24). Cristo mismo es el verdadero Cordero pascual (1ª Cor 5,7s). Participando de Él celebramos la verdadera fiesta y se fue delineando, en unas pocas formas, la Liturgia del nuevo pueblo de Dios.

16. Valor del Domingo

Hacia la mitad del s. II, Justino presenta la primera descripción precisa del culto dominical: *en el "día que se llama del Sol" todos se reúnen; se leen pasajes de los escritos de los apóstoles y de los profetas; siguen la homilía y las oraciones de intercesión* (= la Oración de los fieles); *a continuación se presentan pan, y vino mezclado con agua* (= que significa nuestro deseo de que así como Cristo ha participado de nuestra naturaleza humana, nosotros lleguemos a participar de la suya divina), *y el presidente de la asamblea dice sobre ellos, "según sus fuerzas", "oraciones y acciones de gracias" a las que todos responden con un "Amén"; los dones así "eucaristizados" se distribuyen entre todos (Apol. 1, 67); después de la consagración se han cambiado en la carne y sangre del Jesús encarnado.* Se trata ya de la estructura de la misa, que ha permanecido *igual hasta hoy a lo largo de los siglos.*

17. La Pascua anual (muerte y resurrección de Jesús)

A la vez va formándose —aunque esté menos testimoniada— la celebración de la **pascua anual**. Un escrito de los años 130-140 habla por primera vez de la existencia de esta fiesta. Su liturgia consiste concretamente en una vigilia nocturna (vigilia), concluida al canto del gallo con la celebración de la eucaristía. Esta celebración anual era en aquella época y en el fondo hasta hoy, "la fiesta" de la iglesia pura y simplemente, "en su conjunto, la fiesta de la redención a través de la muerte y la glorificación del Señor. En esta santa noche pascual se administraba también el Bautismo y la Confirmación. Se trata de dos de los Sacramentos de la "Iniciación a la vida cristiana", que se completan con la Eucaristía.

18. Celebración de la liturgia de los "Sacramentos de la Iniciación Cristiana": Estamos bien informados a través de la *Didajé*, de Justino (Apología I), de Tertuliano y de Hipólito (Tradición apostólica). Tras una <u>adecuada preparación catequética</u>: después de la participación en la vigilia nocturna, a primeras horas de la mañana se consagraba el agua, los candidatos se despojaban de sus ropas —símbolo del hombre viejo—, se consagraba el aceite sagrado, los que iban a ser bautizados renunciaban a Satanás y bajaban, desnudos, al agua, y allí escuchaban la triple pregunta e invitación a confesar su fe en el Padre, y en el Hijo, y en el Espíritu Santo, y se les sumergía tres veces con tres invocaciones (epíclesis) de los nombres divinos: Padre, Hijo y Espíritu Santo.

Después de una primera unción con el óleo, los bautizados se vestían sus ropas —símbolo del hombre nuevo— y eran conducidos ante el obispo, que les imponía las manos y los ungía con óleo santo mientras pronunciaba estas palabras: *"Señor Dios, que los has hecho dignos de merecer la remisión de los pecados mediante el baño de regeneración del Espíritu Santo, infunde en ellos tu gracia, para que te sirvan según tu voluntad..."*. El obispo les daba el beso de la paz y luego les admitía a la oración y a la participación comunitaria en la eucaristía con todo el pueblo (Tradición apostólica 17-21).

Este es el núcleo del "rito de la Iniciación". La Constitución SC afirma: *"Por el bautismo los hombres son injertados en el misterio pascual de Jesucristo: mueren con él, son sepultados con él y resucitan con él; reciben el espíritu de adopción de hijos, por el que clamamos: Abba, ¡Padre! (Rom 8,15), y se convierten así en los verdaderos adoradores que busca el Padre. Asimismo, cuantas veces comen la cena del Señor proclaman su muerte hasta que vuelva. Por eso, el día mismo de Pentecostés, en que la iglesia se manifestó al mundo, los que recibieron la palabra de Pedro fueron bautizados... (Hech 2,41-42. 47).*

Desde entonces, la iglesia nunca ha dejado de reunirse para celebrar el misterio pascual: leyendo cuanto a él se refiere en toda la Sagrada Escritura (Lev 24,27), celebrando la eucaristía, en la cual se hacen de nuevo presentes la victoria y el triunfo de su muerte, y damos gracias al mismo tiempo a Dios por el don inefable (2ª Cor 9,15)..." (SC 6).

19. La Liturgia de las Horas (= Oficio Divino o Breviario)

En el mismo tiempo en que se hace esta elocuente descripción de la liturgia central de la iglesia (la Eucaristía), encontramos también las primeras alusiones claras a la que será posteriormente la "liturgia de las Horas" (= Oficio Divino o Breviario).

La Tradición apostólica de Hipólito habla de una especie de "lucernario" o "culto vespertino": Al caer de la tarde, el diácono lleva la lámpara a la asamblea y se pronuncia una oración de acción de gracias sobre ella: *"Te damos gracias, Señor, por tu Hijo Jesucristo, nuestro Señor, por el que nos has iluminado revelándonos la luz incorruptible. Hemos vivido todo este día y hemos llegado al comienzo de la noche... Que no nos falte ahora la luz de la tarde, por tu gracia; por eso te alabamos y te glorificamos por medio de tu Hijo...".*

Otros capítulos invitan a <u>orar por la mañana</u>, antes de comenzar el trabajo; si es posible, incluso en la "asamblea (= comunidad), donde el Espíritu produce fruto". Pero también cada uno debe <u>orar a la hora de tercia, sexta y nona</u>, "alabando continuamente a Dios", y <u>antes del reposo nocturno</u> (lo que hoy llamamos "Completas"); e incluso los que viven en comunidad conyugal deben levantarse a media noche para orar. De cualquier forma, no se trata de un deber en sentido estricto, porque "respecto a los tiempos de oración no hay ninguna prescripción; solamente que se debe <u>orar en todo tiempo y en todo lugar</u>".

Para hacer posible esta vida cristiana, que celebra la acción salvífica realizada por Dios en Cristo, los apóstoles habían establecido <ancianos>, o sea, presbíteros, que es el significado de 'ancianos' (cf. Hech 14,23). Al comienzo del s. II, ya en Ignacio de Antioquía (martirizado por Alejandro el 107) encontramos plenamente desarrollado el ministerio de los obispos, de los sacerdotes y de los diáconos.

El Card. Fr. Quiñones, OFM, es quizá el representante más típico de la situación litúrgica en la primera mitad del s. XVI. La evolución ha llevado a tomar <u>cada vez mayor conciencia de las debilidades y defectos de la liturgia</u> y a la petición de reformas, que, sin embargo, se realizan con un espíritu de individualismo y de privatización cada vez mayores. En este sentido debe valorarse la importante labor del Card. Quiñones, el *Breviario de la Santa Cruz* (llamado así por la iglesia titular de su autor). "Reduce la extensión de la recitación a proporciones razonables y practicables, insiste repetidamente en la recitación regular de todo el salterio y presenta en una buena subdivisión toda la Sagrada Escritura, renunciando a lecturas discutibles de textos legendarios. Y todo ello de una manera, sin embargo, que convierte el Breviario (= Oficio Divino) en un libro <u>para que lo lea el orante particular, renunciando a la oración comunitaria</u> (que se había hecho demasiado pesada).

Junto al Cardenal aparecen otras figuras que, hacia finales del s. XV y comienzos del XVI, emprenden a su manera una reforma de la liturgia en el sentido de las aspiraciones generales de una reforma "en la cabeza y sus miembros", tal y como se expresan a partir del concilio de Constanza (año 1415). En sínodos de 1453 y 1455, Nicolás Cusano pide que se sometan a comprobación los misales según un ejemplar normativo. Obispos particulares como G. M. Giberti de Verona y otros de Francia y de Renania emprenden una reforma en sus respectivas jurisdicciones. El maestro de ceremonias de la corte de un Papa como Alejandro VI nos da incluso una amplia descripción del modo de celebrar la misa, naturalmente la misa privada y rezada en voz baja. En qué medida deseaban los mejores humanistas de la época una reforma del culto y de los libros cultuales lo advertimos a partir del *Libellus supplex,* que los nobles venecianos (después monjes camaldulenses) Quirini y Giustiniani dedicaron a León X en 1513. **Sin embargo, todo esto quedó como episodios fragmentarios**, hasta que la acción revolucionaria emprendida por el monje agustino de Wittenberg **Martín Lutero**, con sus reformas radicales, obligó también a la gran Iglesia a poner mano a una reforma real.

La Liturgia de las Horas (Breviario u Oficio Divino) quedó reducida, como hemos dicho, a proporciones practicables, sobre todo con la subdivisión del salterio en cuatro semanas y una repartición más razonable de las Horas, de manera que, rezadas efectivamente en el tiempo debido, puedan santificar las horas del día; está enriquecida con numerosas lecturas breves de la Sagrada Escritura durante las horas diurnas y con una buena subdivisión de las lecturas bíblicas en el Oficio de Lectura, en sintonía con el orden de las lecturas de la misa. Además, en particular, las llamadas lecturas de <u>los Santos Padres</u> se han elegido de manera que ofrezcan lo mejor de los escritores espirituales de todos los siglos, dejando a salvo la facultad de las Conferencias Episcopales de añadir también lecturas de autores recientes de su propia área lingüística (por ejemplo, Newman, Marmion, Schuster, Guardini, etcétera).

---Sus partes son: Oficio de Lectura, Laudes, Hora intermedia (tercia, sexta y nona, cuyas horas más propias son las 9,00, las 15 y al anochecer), Vísperas y Completas (al ir a dormir). Es muy gozoso y ejemplar saber que son ya muchos los laicos que poseen el Breviario y lo rezan. El nombre de **"Santos Padres"** se reserva para designar a un grupo más o menos circunscrito de personajes eclesiásticos pertenecientes al pasado, cuya autoridad es decisiva en materia de doctrina.

Lo verdaderamente importante no es la afirmación hecha por uno u otro de los Santos Padres aisladamente, sino la concordancia de varios en algún punto de la doctrina católica. En este sentido, el pensamiento de los obispos reunidos en el Concilio de Nicea, primero de los Concilios ecuménicos (año 325), adquiere enseguida un valor y una autoridad muy especiales: es preciso concordar con ellos para mantenerse en la comunión de la Iglesia Católica. Refiriéndose a los Padres de Nicea, San Basilio escribe: «Lo que nosotros enseñamos no es el resultado de nuestras reflexiones personales, sino lo que hemos aprendido de los Santos Padres». **A partir del siglo V, el recurso a «los Santos Padres» se convierte en argumento que zanja las controversias.**

CAPÍTULO TERCERO

RASGOS DEL CULTO EN LA IGLESIA POSTAPOSTÓLICA

Estos son algunos de tales rasgos: con gran libertad y apertura a la inspiración del momento y del tiempo, las líneas fundamentales de los evangelios y de las cartas apostólicas se tradujeron en unas pocas 'acciones cultuales' sencillas, pero características, en las que, utilizando materiales de la tradición del A.T. y adoptando formas que le resultaban comprensibles también al hombre helenístico contemporáneo, se **proclama**, se **celebra** y se **comunica** el misterio pascual de Cristo. (Fíjate, lector/a, en los tres verbos que se emplean)

Dicho con otras palabras: el hombre se inserta en el misterio de Cristo a través del bautismo, la confirmación y la participación en la eucaristía, a través de la celebración regular de la eucaristía en el 'día del Señor' (el domingo) de cada semana y en la celebración anual de la Pascua, de aquella gran vigilia nocturna que se prepara con un tiempo más bien largo de ayuno (lo que hoy llamamos Cuaresma) y se corona con el tiempo festivo y gozoso de Pentecostés. La oración *incesante,* concretada en la **alabanza** matutina y de la tarde y en la oración libre en cualquier momento, <u>inserta la confesión de Cristo en la vida cotidiana</u>. Y esto es lo más importante para quien desea ser "cristiano": que lo que afirma 'creer' se convierta en 'su vida cotidiana'.

Aunque se trate solamente de líneas fundamentales y esenciales y de primeras redacciones de textos escritos, la vida cultual posee ya una estructuración fijada a grandes trazos, como deja intuir la *Didajé* y demuestran la *Tradición apostólica* y otras disposiciones eclesiásticas semejantes de tiempos algo posteriores.

1. Las grandes familias litúrgicas

La herencia apostólica, materializada y estructurada concretamente con gran libertad, es sinónimo de pluralismo. Originalmente, si hacemos abstracción de las pocas líneas fundamentales, encontramos una variedad de formas, y no una forma única y obligatoria para todos. Esto vale ya para lo que se refiere a la lengua. La primitiva comunidad apostólica de Jerusalén constituye el punto de partida. Pero ya aquí, junto a los judeocristianos que hablan arameo, encontramos a los "helenistas" (cf He 3,9-11; 6,1: "murmuración de los helenistas contra los hebreos" con motivo del trato injusto a sus viudas y pobres). Se forman nuevas comunidades en Samaria (He *8,5-25),* en Cesarea (8,40), Damasco (9,1), Antioquía (13,1), Chipre (13,4ss), *y* luego en toda Asia Menor y en Grecia y, finalmente, en Roma y España.

La diversidad de lenguas es un hecho evidente: aquí el arameo, allá el griego *koiné,* la lengua común en la cuenca del Mediterráneo, la *oikouméne* de entonces. Para el culto esto significa inmediatamente la distinción entre el hebreo-arameo de la biblia y su traducción griega llamada de los Setenta. Una importancia todavía mayor adquieren las comunidades cristianas procedentes del paganismo, o sea, los cristianos helenistas, que durante siglos fueron constituyendo cada vez más el núcleo de las iglesias cristianas.

Las primeras iglesias se concentraron sobre todo en las grandes metrópolis del mundo de entonces, en Jerusalén y en Antioquía (donde los discípulos fueron llamados por primera vez *cristianos:* Hech 11,26), en Corinto y Roma, en Alejandría y Éfeso, etc.

En Jerusalén, Antioquía, Alejandría, Roma y el norte de África latina (Cartago) habían puesto las bases los Apóstoles; sus sucesores, frecuentemente grandes figuras de obispos santos, edificaron sobre ellas. Lo que ellos propusieron y ordenaron, lo que ellos, guiados por el Espíritu Santo y en virtud de su gran personalidad, formularon en un momento de feliz inspiración durante la celebración de los días festivos, todo eso se puso por escrito, se coleccionó y fue de nuevo utilizado. Comunidades más pequeñas de los alrededores lo acogieron con admiración; y así, a partir de la metrópoli, sede del obispo principal, se fue desarrollando una liturgia que tenía una impronta típica.

Podemos reconocer clarísimamente ese proceso en la irradiación ejercida por metrópolis occidentales como Roma, Milán y Cartago (en el norte de África proconsular). Aquí la formación de familias litúrgicas concretas va de la mano con el surgimiento de una específica latinidad cristiana. El latín cristiano se ha desarrollado sobre todo en el África septentrional. Al crecer el número de cristianos, hacia el final del período de las persecuciones y después del edicto de Milán del *313,* la lengua griega *koiné,* adoptada originalmente en todas partes, cede el paso poco a poco al latín.

Tertuliano puede considerarse como uno de sus grandes creadores; San Cipriano y luego Lactancio son sus representantes principales. En un primer momento, con una decisión conservadora perfectamente comprensible, se había mantenido el griego en la celebración del culto. Pero para bien de los fieles era necesario cambiar.

En la iglesia romana, el paso del griego al latín en la liturgia tuvo lugar bajo el Papa Dámaso (fue el 37.° **Papa** de Roma. Nació en el 304, probablemente en Roma; y murió el 11 de diciembre del 384, en Roma). La importancia de este acontecimiento puede caracterizarse así: ...Los cristianos se crearon una lengua propia con dudas, con miedo a perder la belleza del latín clásico, aprovechando las posibilidades que ofrecía el estilo *moderno* de Gorgias. Creando neologismos directos e indirectos, siguen una tendencia de vulgarización y renuevan el vocabulario... es el estilo del AT y del NT; ilumina mejor la dialéctica de la existencia cristiana: Dios-hombre, cielo-tierra, bien-mal)".

En este clima de libertad para una creación espontánea, de apertura lingüística, de consideración hacia las necesidades de los fieles, dominado por obispos excelentes por su genio y santidad, que gobiernan las principales sedes de la cristiandad, se producen en la Liturgia abundantes textos nuevos: ya no hay solamente una única gran Plegaria eucarística (como sucedía y sucede todavía en las iglesias orientales), sino una multiplicidad de plegarias: una *Oración colecta,* que abre la celebración; una Oración sobre las ofrendas; numerosos Prefacios intercambiables de la plegaria eucarística; el núcleo de la plegaria eucarística (sobre todo en la forma, testimoniada por Ambrosio, pero elaborada típicamente en Roma, del *canon romano* (= la Plegaria 1ª actual); breves oraciones conclusivas *(Oración*

Postcomunión y *Breves Oraciones sobre el pueblo, para la bendición final de la misa).*

Todo esto en una forma literaria, podríamos decir, unitaria: en la lengua sintética, magistral de la latinidad tardía; en un latín cristiano que se conjuga de formas siempre nuevas, con las que se intenta expresar de alguna manera la grandeza de las acciones sagradas. Y con tal libertad y espontaneidad, que un Concilio de Hipona del 393 —por tanto, contemporáneo de San Agustín— se ve obligado a dar algunas advertencias: se pueden usar esas plegarias solamente después que hayan sido aprobadas y eventualmente corregidas por *hermanos competentes* bajo la vigilancia de los obispos (can. 21). Tanta riqueza y espontaneidad contrastaba con el genio más contemplativo, más tranquilo, de los orientales, que usaban una sola plegaria eucarística.

Ante todo en Roma, pero también de manera parecida en otras partes, estas oraciones, creaciones de los grandes obispos, fueron coleccionadas, conservadas en el archivo, repetidas; luego las adoptaron las iglesias más cercanas, después de copiarlas en pequeños *Libros de los Sacramentos,* fascículos que contenían los textos necesarios para una digna celebración del Sacramento eucarístico, que posteriormente se unieron en el libro denominado "de los Sacramentos".

De la misma manera debemos Imaginarnos el desarrollo de la liturgia en las demás grandes ciudades. Con el apoyo de la iglesia episcopal de la metrópoli de las grandes provincias (con frecuencia sede antigua de un apóstol o de un discípulo de los apóstoles, y en todo caso de grandes obispos santos) se forman a lo largo del s. IV y siguientes.

La gran riqueza de estas familias litúrgicas pudo desarrollarse en la atmósfera de libertad instaurada bajo Constantino y sus sucesores.

2. Primeras construcciones cristianas

Junto a los textos para la celebración de los santos misterios, redactados en las grandes lenguas de la época —siríaco, griego y latín— y en la correspondiente cultura espiritual, se desarrolló también el complejo del culto divino, empezando por la construcción de los edificios necesarios y de su decoración hasta la rica articulación de las fiestas en su repetición cíclica.

Mientras que al principio las comunidades se reunían en los locales de alguna casa espaciosa, ahora surgen nuevas construcciones destinadas expresamente al culto divino. A partir de ellos se desarrolla la basílica, nacida de la unión de elementos de la *domus ecclesiae* (= Casa de la Iglesia) cristiana y de la basílica romana profana. Se trata de una obra tan lograda, plasmada con un total espíritu cristiano en la simplicidad de su aspecto exterior y en la intimidad serena y festiva de su interior, que determinará en los siglos siguientes la mayoría de los edificios sagrados cristianos. Los ejemplos históricos más famosos y que conocemos suficientemente, al menos en su planta o en imágenes, son: las basílicas romanas de las apóstoles Pedro y Pablo, así como la iglesia catedral del obispo de Roma, o sea, la iglesia del Santísimo Salvador, de Letrán, además de las iglesias de Belén, Jerusalén, Constantinopla, Nicomedia, Tréveris, Aquilea, Milán, etc."

Junto a la basílica se coloca el otro tipo creativamente modelado e igualmente surgido de la transformación de edificios profanos de la época: la iglesia de planta circular, cuyo ejemplo más grandioso —la "Santa Sofía", de Constantinopla— existe todavía, mientras que el espacio cultual en cuanto tal se nos muestra mejor en San Stefano Rotondo y en el mausoleo de Constanza, en Roma, así como en el más tardío de San Vital, de Rávena.

Asimismo deben recordarse las construcciones destinadas a acciones cultuales particulares: el edificio de planta circular del baptisterio, como el de Letrán, en Roma; las memorias más modestas sobre las tumbas de los mártires (a partir de las cuales, a continuación, se desarrollaron las imponentes iglesias sepulcrales) y en los lugares de la historia sagrada; finalmente, las instalaciones sepulcrales, como las de los cementerios romanos subterráneos, con sus capillas, iglesias sepulcrales y, no en último lugar, una serie de imágenes.

En estos lugares de culto —cuya decoración artística interna conocemos de manera suficiente a través de los mosaicos (naturalmente posteriores) de Santa María la Mayor, en Roma; de Aquilea y de Rávena ejercen su función de presidentes del pueblo creyente, que se reúne para la celebración común, el obispo, los presbíteros y los diáconos revestidos de los trajes festivos de la sociedad de entonces, trajes que poco a poco se van convirtiendo en un hábito o uniforme utilizado solamente durante el culto y que dan comienzo a las vestiduras litúrgicas que usó la edad media y que todavía usa nuestro tiempo.

3. Liturgia del pueblo en memoria del Señor y de su acción salvífica

Sin embargo, el culto en su conjunto siguió siendo la liturgia comunitaria del pueblo de Dios en memoria del Señor y de su acción salvífica, con motivo de la celebración regular de la eucaristía el domingo (favorecida ahora incluso por la legislación civil, que prescribe el necesario descanso y la abstención de la actividad judiciaria y mercantil) y con motivo de la celebración del *misterio pascua* la noche de pascua, preparada e introducida por la rica liturgia de la Cuaresma, que culmina en el Domingo de Ramos y el Triduo Pascual, y encuentra su propio coronamiento en la Noche Pascual (con la administración de los sacramentos de la iniciación) y en el Domingo de Pascua. La fiesta continúa después en el "tiempo de los cincuenta días" de pentecostés con el carácter gozoso de su *alleluia* victorioso y con la espera del envío del Espíritu Santo.

Al mismo tiempo, ahora se abre camino —a lo largo del s. IV una nueva forma de celebración del misterio de Cristo, es decir, **la celebración de su encarnación, de su epifanía, de su revelación luminosa como salvador** del mundo, como luz de luz, como Señor poderoso, que manifiesta su propia gloria divina y redentora en su bautismo y en sus grandes milagros como inicio de la revelación, que alcanzará su cumbre en la "bendita pasión" y en la gloriosa resurrección.

A lo largo del s. IV se desarrolla también la **veneración** de los mártires. Sobre sus tumbas se levantan pequeñas memorias, los llamados *martyria*. La multiplicidad de las oraciones, que ahora las iglesias del Occidente introducen en la celebración de la misa, facilita la **veneración** de los santos, mientras la Plegaria eucarística propiamente dicha, el canon, sigue reservado a la *memoria* central de la muerte y resurrección del Señor. En ese memorial encuentra su centro decisivo todo *martyrium,* toda veneración de los mártires.

De manera que, durante el s. IV, el culto cristiano experimentó un desarrollo rico, multiforme y al mismo tiempo dominado siempre por algunas líneas fundamentales comunes: día del Señor, celebración pascual, nacimiento y epifanía del Señor, sacramentos de la Iniciación Cristiana (Bautismo, Confirmación, Eucaristía), ordenación de los ministros, memorias de los santos (de los mártires), oración comunitaria por la mañana y por la tarde y también en las vigilias nocturnas; **el centro de todo lo ocupa la celebración eucarística como núcleo y vértice de todo el culto cristiano**, que realiza el memorial real de la muerte y resurrección del Señor.

La iglesia local y su obispo están facultados para regular en sus particulares estas celebraciones, sobre todo por lo que se refiere a la elección de las lecturas bíblicas y la formulación de las oraciones. Precisamente aquí es donde se manifiesta la diversidad entre las formas orientales y occidentales. Mientras las iglesias orientales usan una sola gran plegaria eucarística, que se dice sobre los dones del pan y del vino y exalta en una síntesis grandiosa la obra salvífica de Cristo, las iglesias occidentales introducen en cada misa diversas oraciones, que expresan con acentos siempre nuevos determinadas peticiones, acompañan la marcha de la acción sagrada y nombran y exaltan en los Prefacios elementos particulares de la obra salvífica (Adviento, Navidad, Cuaresma, Pascua, Prefacios Dominicales, Ordinarios, y de Difuntos).

En Occidente, siempre el núcleo de la celebración eucarística está formado de manera más bien sobria y breve, por un solo texto esencial, el llamado 'canon', precisamente en Roma, en el África septentrional, en Milán y algo menos en España.

4. La liturgia romana clásica

Todo lo que hemos dicho sobre la formación de las grandes familias litúrgicas vale de manera especial para la iglesia romana. También sus comienzos hay que colocarlos en la situación general de libertad que se instauró después del edicto de Milán del 313. El favor imperial ofrece a la iglesia romana la posibilidad de desarrollarse grandemente, sobre todo a nivel de **construcciones** (edificios para el culto): surgen los grandes edificios de la iglesia catedral de Letrán y las basílicas sobre las tumbas de los apóstoles. Las exhortaciones preocupadas de diversos sínodos africanos dejan adivinar un desarrollo tumultuoso de textos litúrgicos: "...También san Ambrosio, pese a su celo por la autonomía de su iglesia de Milán, reconoce la importancia extraordinaria e irradiante de la liturgia romana.

Si todas las liturgias occidentales se distinguen claramente de las formas del Oriente, es necesario añadir que **el rito romano se distancia también de las formas todavía más ricamente desarrolladas** del rito hispánico y visigótico. Distintivo particular de la liturgia romana es la plegaria eucarística, el *canon romano* único, inmutable para todos los días del año y con pocos textos intercambiables *(Communicantes, Hanc igitur)*.

A continuación estudiaremos de manera particular **la naturaleza, las estructuras y el contenido de esta liturgia romana clásica**, porque ella no solamente ha ejercido un influjo fortísimo sobre todas las liturgias occidentales, sino que en el transcurso de los siglos ha llegado a ser la liturgia casi exclusiva del Occidente (latino) y, por fin, de la iglesia universal (en América, Asia y África).

Se trata del período que inicia en el s. IV, o sea, del tiempo en que **la Iglesia romana** desarrolló y formó de la manera espléndida que le es característica su propio culto, hasta darle una forma madura y extraordinariamente rica y preciosa bajo el aspecto teológico; después, esas formas litúrgicas entrarán en contacto con los nuevos pueblos del medievo franco-germánico y sufrirán numerosas modificaciones.

Las formas típicamente romanas en sentido estricto comienzan cuando la Iglesia local romana vive el paso del griego al latín, acontecimiento que tuvo lugar, con gran probabilidad, bajo el Papa Dámaso (366-384)

Aunque hayan sido puestos por escrito en un momento posterior, hay toda una serie de documentos que testifican en sustancia cómo se celebraba en aquel tiempo el culto central; se trata de los libros que servían al pueblo de Dios de esta Iglesia para celebrar, bajo la presidencia de su obispo rodeado de su *presbiterio* y de los ministros, la misa solemne, como hoy diríamos nosotros. Son: el *Sacramentario,* que contiene todas las oraciones del sacerdote que celebra la misa (y también los otros grandes sacramentos); el *Lectionario,* con los textos del

AT y del NT que proclaman los ministros; el *Libro de las antifonas,* con los textos y melodías de la *schola cantorum (y,* por lo menos en teoría, del pueblo), subdividido (aunque solamente en un período posterior) en un *Antifonarius de las Misas* y en un *Antiphonarius Oficio Divino* (este último para la <liturgia de las Horas>); el *Ordo (romanus),* el libro que describe la manera de ejecutar las acciones sagradas. Finalmente, debemos tener presentes los edificios y las obras de arte, que constituyen el espacio y el ambiente de las acciones cultuales y reflejan de alguna manera su espíritu.

El *Sacramentario* recoge las oraciones del sacerdote. Inicialmente éstas se dejaban a la libre inspiración del celebrante; e incluso cuando éste recurría a modelos, en el fondo quedaba libre. Sólo poco a poco se comenzó a poner por escrito, a copiar y a conservar ciertas oraciones particularmente logradas, creadas en un momento feliz, para ponerlas a disposición de otros sacerdotes en **un** pequeño libro que contenía las oraciones necesarias para la celebración de los *sacramentos* (es decir, la misa y los otros seis sacramentos). En un segundo momento, esos *libelli (= pequeños libros)* se recogieron y se ordenaron primero de manera privada, y siguiendo criterios más bien externos (el orden de los meses); luego sistemáticamente, en una sucesión regida por criterios teológicos, disponiéndose dentro del Año litúrgico, o sea, se recogieron en el *Liber Sacramentorum.*

Este es, simplificando un tanto las cosas, el proceso que se verificó, poco a poco, a lo largo de dos o tres siglos. Testigos de ello son los sacramentarios, que obviamente están ordenados de formas diversas — empezando por el *Veronense* (llamado también *Leonianum),* colección privada de oraciones, cuyo núcleo podría remontarse a León Magno y a otros papas de los ss. V y VI. Todos estos libros siguen suministrando hasta hoy la mayor parte de las oraciones de la iglesia romana.

Tras las oraciones de petición y de alabanza del sacerdote celebrante, atestiguadas por los Sacramentarios, durante la acción cultual se hace la proclamación de la Palabra de Dios, de la obra salvífica de Cristo. Para esa proclamación sirve el *Leccionario,* que contiene los pasajes escriturísticos que se deben leer en voz alta. Al principio esas lecturas se elegían libremente de la biblia. Después se comenzó a indicar con signos en el texto bíblico los trozos que se debían leer y se redactaron listas con esas indicaciones, los llamados *Capitulares*. Finalmente, se copiaron nuevamente los trozos así indicados y se los reunió en libros especiales: en el *Evangeliario,* para el diácono, y en el *Epistolario,* para el lector; independientes al principio, uno y otro acabaron por confluir en el leccionario de la misa, que se distingue del leccionario para la liturgia de las Horas. Los manuscritos más antiguos que nos ofrecen ese tipo de textos se remontan a los ss. VI y VII.

También a los ss. VI y VII se remontan los *Antifonarios,* colecciones de textos y de melodías para la celebración de la misa y posteriormente del Oficio Divino (= oficio de las horas), aunque las melodías más antiguas que se nos han conservado son con frecuencia posteriores al tiempo del papa Gregorio Magno, fue el sexagésimo cuarto papa de la Iglesia católica. Es uno de los cuatro Padres de la Iglesia latina junto con Jerónimo de Estridón, Agustín de Hipona y Ambrosio de Milán. Nació en Roma, Y murió el 12 de marzo de 604 d. C., Roma.

De particular importancia son los *Ordines (romani),* que indican el modo de celebrar las acciones sagradas. Los *Ordines* que se nos han conservado son con frecuencia memorias de peregrinos franco-germánicos, que anotaron la costumbre romana que admiraban y la dieron a conocer en su patria para que fuera imitada, a veces adaptando o uniendo la praxis romana a las tradiciones locales. De todas formas, algunos de los *Ordines Romani (OR)* nos ofrecen un cuadro relativamente fiel de la liturgia romana del período clásico, o sea, del pleno desarrollo, anterior a la fusión con elementos franco-germánicos. Esto vale sobre todo para el *OR 1,* que nos presenta un cuadro claro de la *misa solemne* romana; lo mismo hace el *OR 11* para la celebración del catecumenado y de la *iniciación cristiana* (bautismo y confirmación).

Los edificios eclesiásticos y su decoración artística

El cuadro puede completarse de manera excelente remitiéndose a los **monumentos del arte contemporáneo que han llegado hasta nosotros**. Las basílicas, exteriormente grandiosas y sencillas, presentan en su interior una atmósfera cálida y festiva, en la que el pueblo de Dios se reúne bajo la presidencia del obispo con su presbiterio para la celebración comunitaria de la eucaristía, o sea, de la liturgia de la palabra y de la liturgia sacramental propiamente dicha del memorial del Señor y del sagrado convite.

Hermosos ejemplos de semejantes construcciones son, en la misma Roma, sobre todo Santa Sabina y —aunque un poco posterior— Santa María la Mayor; asimismo las iglesias de Rávena: San Apolinar Nuevo, San Apolinar en Classe, San Vital y los dos baptisterios. Santa María la Mayor ofrece también un hermoso ejemplo de representación del ciclo de la historia sagrada (a lo largo de las paredes de la nave central). Es digna de consideración la **imagen del Cristo** de estos siglos, representado sea en las prefiguraciones de la **historia de la salvación**, sea de manera directa: en la imagen del Cristo joven, del buen pastor, del soldado victorioso (Rávena, capilla arzobispal) y, finalmente, en el Cristo barbado, maestro y dominador; del **Pantocrátor**, por ejemplo, en los santos Cosme y Damián en Santa Pudenciana, de Roma (s. IV), y, por último, en **la figura del crucificado**, como en Santa María Antigua, también en Roma (y en las correspondientes reproducciones, de pequeño tamaño, como por ejemplo en el Código de Rabulas y de Rossano).

5. El arte cristiano antiguo y la síntesis del *misterio pascual*,

Encontró su lugar en las basílicas romanas, y **supo concretar** la victoria del misterio de Cristo, utilizando los elementos mejores de la grandeza (romana) antigua y de la majestad oriental, y superando el estilo demasiado superficial, juguetón e impresionista del naturalismo helenista tardío.

En este marco se debe ver la celebración festiva de los *Missarum Sollemnia*, ilustrada y presupuesta en el *OR* 1. Se trata del culto practicado por el obispo de Roma en su catedral, en comunión con todo el pueblo de Dios y con la utilización de todos los libros mencionados. Se subraya que se trata de un culto comunitario del obispo y del pueblo. El orden y la sucesión del conjunto corresponden todavía a la mejor forma bíblica. No existen oraciones privadas (ni, por tanto, tampoco las oraciones silenciosas del sacerdote en los escalones del altar, durante la ofrenda de los dones, antes y después de la comunión, añadidas solamente en el medievo). Únicamente se encuentra al comienzo un breve acto de adoración de la eucaristía (conservada desde la anterior celebración de la misa).

La piedad personal se manifiesta en la celebración simple y genuina de la gran acción (la Eucaristía): después del *introito* vienen la oración, las lecturas, la homilía (por lo menos todavía en la época de Gregorio Magno), la presentación de los dones, la plegaria solemne y la acción de gracias sobre esos dones y el sagrado **convite bajo las dos especies para todos**.

Todo ello con gran <u>sencillez y solemnidad al mismo tiempo</u> (estas son las dos notas propias de los ritos de la liturgia): herencia apostólica; desarrollo de la plegaria eucarística originalmente griega (prefacio y canon); su adaptación de acuerdo con el genio latino en la lengua clásica de la latinidad tardía cristiana; realización de la tradición universal en la forma exterior de la cultura de entonces; transmisión de elevados valores espirituales en una forma externa elocuente.

Naturalmente, la celebración que acabamos de describir de los *Missarum Sollemnia* es el culto festivo del Papa, pero sirve de modelo a todas las demás acciones eucarísticas. Con gran libertad se orientan hacia este alto modelo en las celebraciones que los *presbíteros* realizan en las iglesias parroquiales de la ciudad y en reuniones menos numerosas.

6. Celebración de las solemnidades y la Iniciación Cristiana

Para completar el cuadro de la liturgia de aquel tiempo es necesario por lo menos aludir a la celebración de las solemnidades: después de la celebración de la navidad y epifanía, de las *memorias* de los mártires, y particularmente de los grandes apóstoles, así como de las solemnidades de María, Madre de Dios, está la gran celebración del misterio pascual, o sea, la celebración de la vigilia pascual, preparada por la Cuaresma y prolongada en el tiempo festivo de la *quinquagésima* pascual (pentecostés), que concluye el día cincuenta con el Domingo de Pentecostés.

En este espacio de tiempo festivo se inserta de manera elocuente la **celebración de la Iniciación Cristiana**: la preparación de los catecúmenos en los cuarenta días anteriores a la pascua; la administración de los sacramentos del bautismo, la confirmación y la primera plena y real participación en la eucaristía (este sería un buen nombre para la hoy llamada 'Primera Comunión' a secas) la noche de pascua, así como la atención prestada a los nuevos bautizados en la semana de pascua y en el sucesivo tiempo pascual.

A esto se añade la celebración de las consagraciones (concesión de los órdenes) sobre todo durante las cuatro témporas, celebración consistente en una simple imposición de las manos y una oración.

Acerca del *Oficio Divino* (la liturgia de las Horas de aquellos siglos), es poco lo que sabemos. Propiamente se trata sólo de las horas principales, de los *laudes* matutinos *y las vísperas* vespertinas, y por lo menos de las vigilias que precedían a las grandes solemnidades principales. Obviamente, para garantizar la celebración, los Papas debieron recurrir siempre a pequeños grupos más celosos, en la práctica, a monjes. Sus monasterios se construyeron en gran número alrededor de las grandes basílicas. Esos monasterios anticipan los posteriores Capítulos de Canónigos de las grandes basílicas.

7. La peculiaridad formal de la liturgia romana

Puede caracterizarse más o menos así: "Una sencillez precisa, sobria, breve, sin palabrerías, poco sentimental; una disposición clara y lúcida; grandeza sagrada y humana a la vez, espiritual y de gran valor literario". Pero es más importante la peculiaridad teológica presente en esa liturgia. Se trata en primer lugar de la clásica **postura fundamental de la oración** en las grandes plegarias, observada rigurosamente en aquellos primerísimos siglos (posteriormente abandonada y coherentemente reafirmada después del Concilio Vaticano II): "**siempre diríjase la oración al Padre Dios, por medio de Cristo nuestro Señor, en el Espíritu Santo**", según la formulación de los sínodos africanos de Hipona del 393 y de Cartago del 397.

Además, es de gran valor **la piedad eucarística**, que se expresa así en las plegarias romanas: la eucaristía es la acción sagrada que celebra el memorial de la muerte y resurrección de Cristo, culmina en la *oración eucarística* (en el canon romano), está introducida por la *oración sobre* *las ofrendas* (el pan y el vino) *y* por el Prefacio, y se concluye con **el *Amén* de los fieles**.

Los fieles toman parte en la acción en dos momentos fundamentales **de carácter procesional**: la presentación de los dones del pan y del vino, y la aproximación a la mesa santa para comulgar bajo las dos especies. El final es la *oración de postcomunión*. **En esta acción solemne** (= la Misa o Eucaristía) **se cumple el 'memorial'**, que es la presencia del sacrificio de Cristo, "hostia pura, santa, inmaculada, pan de vida eterna y cáliz de salud perpetua". Todo ello se expresa de una manera sobria, y manifiesta claramente la realidad: "sacramento celestial, misterio, santo, remedio…,".

La celebración se orienta a la adoración de Dios Padre, pero mediante Jesucristo, en la representación de su único sacrificio. Sólo con mucha discreción se habla de la adoración del sagrado manjar, del cuerpo y la sangre de Cristo. Se trata siempre de la celebración de toda la Iglesia, que se reúne para la celebración en un determinado día litúrgico, y para la celebración habitual (del domingo) en las parroquias. Y este culto es el culto divino de la Iglesia romana.

CAPÍTULO CUARTO

LAS TRANSFORMACIONES DE LA LITURGIA ROMANA

Es un dato histórico que la liturgia romana emigró hacia el norte, primero en un proceso casi imperceptible y más bien casual, y después de manera consciente. En esa emigración se adaptó, bajo múltiples aspectos, a las nuevas situaciones y se modificó para, a continuación, cambiada y enriquecida, volver a Roma como fundamento de la liturgia *romana* de la Edad Media. Inicialmente fueron peregrinos de países franco-(galo)-germánicos, llenos de admiración por el ceremonial, los edificios y los textos de la liturgia romana, papal, los que la dieron a conocer en el norte con sus narraciones, con sus esbozos y finalmente con sus textos. Así, en la práctica, se acogían los elementos de una liturgia grandiosa, monumental, y pese a todo sencilla, al par que su peculiaridad teológica, sin renunciar en todo caso al propio patrimonio, tal y como todavía se nos ha conservado en los documentos de la liturgia galicana, caracterizada por una predilección por el lenguaje sentimental, cálido, conmovedor, y por la acción dramática. Un primer resultado de la fusión de las dos formas son los *Sacramentaria Gelasiana del s. VIII,* cuya forma original se elaboró probablemente en Flavigny hacia la mitad del siglo bajo Pipino.

Pero la admiración por Roma y la veneración hacia la iglesia de San Pedro empujaron todavía más a los nuevos pueblos. **Repetidamente Carlomagno pide al Papa textos romanos** *puros*. Quizá le movían también razones políticas: quería reforzar los lazos entre las diversas regiones de su reino occidental mediante una unificación de la liturgia, precisamente sobre la base del modelo romano. Naturalmente, el sacramentario *puro* que le envió el papa Adriano I, un *Gregorianum,* no bastaba: ante todo estaba incompleto, y además no respondía plenamente a las nuevas situaciones. Así los *ministros* del rey, sobre todo, según parece, Benito de Aniane, lo completaron, y explicaron detalladamente su trabajo en un prólogo. El hecho es bastante sintomático.

Un patrimonio originalmente romano, en sí mismo herencia de los comienzos del s. V, elaborado en la Roma papal de los ss. V-VIII, se adopta en la capilla palatina del rey-emperador y sirve no sólo para Aquisgrán, sino para todo el país de los francos y también en el imperio de Occidente como base para una liturgia enriquecida con elementos indígenas. Lo que aquí sucedió con el Sacramentario es ejemplo elocuente del proceso análogo que afectó a la progresiva elaboración del *Ordo de la Misa, y* sobre todo a la celebración concreta de las diferentes acciones litúrgicas, y finalmente a los Leccionarios y Antifonarios.

Nos limitaremos a mencionar algunos ejemplos típicos. La nueva liturgia mixta es más rica que las formas simples de la antigua liturgia romana; se añade la espléndida consagración del cirio pascual, misas votivas, un gran número de oraciones más marcadamente personales, sobre todo oraciones en las que el sacerdote confiesa <u>privadamente y en silencio</u> sus propias culpas y pide perdón (las llamadas <apologías>), que poco a poco van apareciendo al comienzo de casi todas las partes de la misa. Muchas oraciones son de tipo nuevo, <u>se dirigen preferentemente al mismo Cristo</u> y no ya, como en la forma clásica, sólo al Padre mediante Cristo; además se aprecia una fuerte conciencia del pecado, una angustia frente al juicio inminente.

4.1. Empieza la decadencia que ha llegado hasta nuestros días

El carácter comunitario queda marcadamente en segundo plano; **el pueblo creyente toma parte menos activa en el culto, con frecuencia es sólo un espectador mudo de una liturgia clerical.** El sacerdote, que ahora está casi siempre de pie en el altar de espaldas al pueblo, celebra el culto con un aislamiento mayor y va asumiendo cada vez más todos los papeles que hasta ahora se habían distribuido entre varios ministros. Por eso le basta con un solo libro, que contenga todo lo necesario para la celebración; de aquí nace el *Misal pleno* en el que se recogen a la vez antífonas, oraciones, lecturas, prefacios, canon y toda la ordenación de la misa.

De manera semejante se recogen juntas las rúbricas y los textos necesarios para el culto celebrado por el obispo, primero ampliando más o menos los *Ordines, y* finalmente, hacia el 950, en el monasterio de St. Alban, de Maguncia, todo se sintetiza en un libro único que recibe el significativo nombre de *Pontifical Romano-Germánico.* El monasterio renano no es el único centro de semejantes trabajos de recopilación, de adaptación y de desarrollo de documentos. Algo parecido sucede en San Gall (Suiza), en Metz (Lorena), en Séez (Normandía), en Minden (Alemania septentrional), etc.

Un elemento importante de la liturgia modificada es la multiplicidad de las misas, prácticamente de carácter privado con mucha frecuencia, a pesar de que en un primer momento se celebren con la intención clara de imitar en el ambiente germánico indígena el ciertamente rico culto estacional romano.

También en este caso conocemos en cierta medida, mediante los monumentos conservados, **el ambiente en que se celebraba la liturgia**. Sobre el modelo romano o ravenés (de Rávena) se construye, p.ej. la iglesia de planta circular de la capilla palatina de Carlomagno en Aquisgrán. También la construcción alargada de forma basilical se desarrolla en la maravillosa iglesias de Korvey (Corbeia nova, Weser).

Formas más sencillas encontramos en las iglesias románicas de Cataluña. Esas iglesias de arte románico unen de manera feliz "lo estático con lo dinámico, la línea horizontal y la vertical, la perfección de la armonía, simple y monumental, con el vitalismo voluntarista y ético de los pueblos franco-germánicos...

Encontramos el mismo fenómeno en las formas de la liturgia de esa época: el genio (el *éthos)* nuevo, un componente de individualismo voluntarista, exige y encuentra la manera de entrar en las formas transmitidas por Roma. Reconoce... el primado de estas formas y mediante esta *sumisión* crea la liturgia nueva, la piedad nueva, la cultura cristiana nueva de estos siglos, que así se acercan a la meta suprema de la síntesis propia de los ss. XII y XIII..."

4.2. Transformaciones, desarrollos, reformas: La Liturgia de la Curia

Todo el material elaborado en este proceso de transformación durante siglos e introducido y aceptado en la celebración cultual necesitaba una ulterior maduración y codificación para poder convertirse en la base de la celebración litúrgica de los siglos sucesivos. Nuevamente esto sucedió mediante un acto de Roma y su irradiación, sobre todo por obra de la joven orden franciscana. La liturgia del período romano clásico y la franco-germánica de los monasterios y catedrales eran demasiado ricas para poder llegar a ser patrimonio común.

Es un mérito del clero de la curia romana el haberla adaptado y hecho prácticamente accesible incluso a comunidades más pequeñas, sobre todo parroquiales. Éste necesitaba esa simplificación para su propio culto, todavía comunitario siempre, durante las numerosas peregrinaciones de la corte romana. El resultado fue la *liturgia de la curia romana,* consistente en un Misal, un Breviario y un Pontifical

La joven comunidad de hermanos de san Francisco de Asís, deseosa de celebrar la misa y el oficio divino "según el orden (= la forma) de la santa romana Iglesia"*(Reglas* II), adoptó esa liturgia. Aimón de Faversham, ministro general de la orden (1240-44), reelaboró posteriormente todo ello y lo hizo más practicable. Así, una vez reestructurada, esa liturgia, usada por sus hermanos, se difundió por todo el Occidente. Frente a la gran multiformidad de las liturgias, que habían conocido una auténtica uniformidad solamente en el ámbito de las grandes comunidades religiosas (Cluny, Prémontré, Citeaux y luego sobre todo entre los dominicos) **y** en asociaciones metropolitanas menores.

Esto significó **un paso importante hacia la uniformidad centralizada** de la liturgia occidental, que tiene su fuente en un patrimonio romano, arrastrado por la fuerza revolucionaria de la Orden franciscana. Naturalmente, la difusión manuscrita —la única que existía antes de la invención de la imprenta— siguió ofreciendo la posibilidad de continuos cambios y enriquecimientos nuevos. Pero el núcleo fundamental y la actitud espiritual siguieron siendo comunes.

Solamente el *Pontifical* fue modificado por el trabajo de Guillermo Durando, obispo de Mende (Francia), en 1285, y modificado de **una manera típica de todo el proceso**: un libro romano (que a su vez era la reelaboración romana del *Pontifical Romano-Germánico* de Maguncia) se adaptó a las exigencias de un obispo que vivía fuera de Roma, con la utilización de costumbres propias no romanas.

Andrieu lo ha caracterizado de manera excelente: el trabajo de Durando, "católico por su extensión (=la palabra 'católico' significa universal), lo será también por su composición íntima". La liturgia descrita en **este libro muestra con claridad cuáles son las ideas** directivas y la mentalidad de fondo, **sobre las que se formó la sociedad cristiana medieval**:

- comunidad de fieles ordenada jerárquicamente,

- capaz de asegurar la salvación de todos sus miembros

- ordenados en torno al obispo,

- que tiene el poder de instituir al clero y de santificar a los laicos,

- e incluso de consagrar al mismo emperador, los reyes y los caballeros:

- todo esto en tiempos y lugares sagrados.

Se trata, en definitiva, de la liturgia pública, celebrada por toda la cristiandad en las catedrales, en los monasterios y en las iglesias parroquiales de los ss. XIII y XIV.

Todo esto encierra muchos aspectos positivos. La celebración litúrgica es el elemento central de un período vitalísimo, el s. XII con Bernardo de Claraval, Abelardo, el "Duecento" verdaderamente grande con Francisco de Asís, Domingo y maestros como Giotto. Pese a todas las variaciones en los detalles, el *Ordo de la Misa* toma una firme estructura, testimoniada, por el *Ordo de los Oficios de la Iglesia lateranense* (mitad del s. XII).

"De todas formas, todavía **afloran aspectos nuevos**, como el que subraya la presencia eucarística del cuerpo del Señor, tras la controversia con Berengario y la clarificación del concepto de transubstanciación (conversión del pan y vino en el cuerpo y la sangre de Cristo). Al comienzo del s. XIII oímos hablar por primera vez de la elevación de la hostia después de la consagración; en el calendario eclesiástico se asumen nuevas fiestas: la de la Santísima Trinidad (tras larga oposición por parte de la iglesia romana) y del Corpus Christi.

4.3 Continúa la decadencia

A los fieles les gusta cada vez más este 'espectáculo'; participan en el culto, pero con frecuencia centran su interés en elementos secundarios; la comunión se hace cada vez más rara; aumenta la distancia entre el sacerdote y los fieles. Se multiplican las celebraciones de misas, sobre todo en privado.. Está claro que la ordenación de las nuevas formas de piedad implica que éstas se inserten en el gran complejo del culto eclesial. Sin embargo, esto no excluye que en el desarrollo haya lados negativos: **asistencia más pasiva** de los fieles en las acciones centrales; orientación hacia **formas más periféricas de piedad**; **individualismo** y privatización de la oración, que se muestra en el formato pequeño de los libros del Oficio Divino: la oración de las Horas se hace cada vez más un asunto particular del orante aislado, donde el *peso* de la oración larga se hace cada vez mayor, pero también se aligera con la introducción de **lecturas discutibles**, de carácter quizá legendario, y de acuerdo generalmente con los oficios de los santos, más breves, en perjuicio de los oficios largos de la liturgia del auténtico año eclesiástico (de tempore: Adviento, Cuaresma, Pascua). Por otra parte, todo esto se desarrolla lentamente, asumiendo proporciones notables sólo hacia el final del medievo, en el llamado "otoño de la edad media".

Expresión de ello, en sus aspectos positivos y negativos, **es el arte contemporáneo**, que por un lado nos muestra catedrales, monasterios, pinturas y esculturas grandiosas, y por otro una articulación cada vez mayor de las iglesias en capillas con muchos altares y una tendencia historicista en las representaciones de la Historia Sagrada, con sus acentuaciones del lado humano en la representación de Cristo y de los acontecimientos de la historia de la salvación.

5. LA REFORMA DE TRENTO Y DE PÍO V

6. Las reformas litúrgicas de Martín Lutero y de sus contemporáneos **contenían** indudablemente **importantes elementos positivos**:

- culto en lengua vulgar,

- comunión bajo las dos especies,

- superación del carácter excesivamente privado, presente en la celebración de la misa,

- insistencia en la recepción de la comunión durante la misa

- y sobre todo eliminación de abusos.

Pero, pese a su voluntad frecuentemente recta y sincera, **no se alcanzó el fin pretendido**. Los reformadores eliminaron demasiadas cosas del genuino patrimonio de la tradición y, al par que la unión con la gran Iglesia, perdieron también el camino de acceso al tesoro hereditario de los orígenes apostólicos (cf. el juicio de equilibrados historiadores de la liturgia de confesión protestante).

La verdadera reforma decisiva fue misión del Concilio de Trento: superación de las doctrinas erróneas e inauguración de una auténtica reforma. Ésta afectó también y precisamente al ámbito litúrgico. Tomó nota de la situación, decidió cambiarla, redactó un "catalogo de abusos" y dio también algunos pasos efectivos, por ejemplo prohibiendo el *Breviario de la Santa Cruz,* de Quiñones (porque correspondía poco al carácter tradicional de la oración comunitaria) y promulgando el decreto "De lo que se ha de observar y evitar en la celebración de las Misas.

Sin embargo, el Concilio no podía cargar sobre sí la tarea de poner en práctica las reformas concretas, y se lo encargó solemnemente al Papa, "para que su juicio y autoridad las terminen y divulguen".

Con una mirada retrospectiva podemos ahora caracterizar así su programa de reforma: "El concilio ha querido llevar a cabo una reforma litúrgica —para superar el estado *caótico* de la liturgia— en continuidad con la tradición, en sentido crítico-histórico; a saber: eliminando las añadiduras posteriores, devolviendo la precedencia a las 'partes de tempore' (Adviento, Cuaresma, Pascua), disminuyendo las fiestas de santos y las misas votivas, buscando una mayor uniformidad, abreviando razonablemente, componiendo un *Ordo de la Misa* con rúbricas obligatorias para todos". Es un título de gloria de los Papas postridentinos haber puesto mano con energía a la reforma querida por el Concilio también en el campo litúrgico y haberla llevado a la práctica en un tiempo relativamente breve: el *Breviario Romano* en 1568, el *Misal Romano* en 1570, por obra de san Pío V; el *Pontifical Romano* en 1596, el *Ceremonial de los Obispos* en 1600, por obra de Clemente VIII; el *Ritual Romano* en 1614, por obra de Paulo V; la *Sagrada Congregación de los sagrados Ritos,* fundada en 1588 por Sixto V para asegurar la obra de la reforma.

En las bulas introductorias *Quod a nobis,* de 1568, y *Quo primum,* de 1570, Pío V expresó claramente la intención de la reforma: la reforma de la alabanza divina y de la misa se reordena y reconduce para toda la iglesia y para uso perpetuo. Quedan libres de adoptar la nueva norma vinculante sólo aquellas Iglesias que desde doscientos años antes posean una forma propia.

Para alcanzar esta finalidad se sirvieron de manuscritos del Vaticano y de otras bibliotecas, esperando así renovar la forma original, tal y como había sido "por Gelasio y Gregorio I constituida, y por Gregorio VII reformada", mientras que las épocas posteriores se habían ido alejando de ella.

"Investigaciones profundas han demostrado que con los medios de que entonces disponían no se podía alcanzar una meta tan ambiciosa". Se eliminaron los desarrollos indebidos, se pasaron por el tamiz y se restablecieron todas las partes, especialmente de la misa, tomando prácticamente como base el *Misal según el uso de la Curia* del s. XIII y en la forma de su tradición romano-italiana, tal y como aparecía en la primera edición impresa de 1474.

Sin embargo, en el conjunto no se llegó más allá de Gregorio VII, y, por tanto, no se restableció el antiguo rito romano, sino solamente su forma mixta, el rito romano-franco-germánico del medievo. Se le podó de múltiples añadiduras, por ejemplo de las "secuencias" dominicales, y se le mejoró con una mayor rigidez en el calendario. Pero como base de la liturgia de la iglesia universal se estableció para los sucesivos cuatrocientos años una de sus múltiples variedades (ciertamente una de las mejores), o sea, la <liturgia de la curia>.

6. Es difícil exagerar en la valoración de los méritos de esta reforma.

Libró a la Iglesia de la crisis del s. XVI y le dio nuevamente unas bases válidas, ya aceptadas en siglos anteriores, para un culto genuino. Aunque se tratara de una forma mixta medieval, en su núcleo encerraba el patrimonio esencial de la antigua liturgia romana y **se convirtió en una fuente de vida espiritual**, y a la postre **en punto de partida del Movimiento Litúrgico de la época moderna**, que se había de basar precisamente en esta liturgia romana de san Pío V y de sus sucesores.

Debemos ver también sus límites Por otra parte, junto a los méritos, conocemos sus límites inevitables en la difícil situación de entonces. A causa de las exigencias impuestas por la lucha con los reformadores protestantes, no se hizo caso de las instancias positivas de la reforma cismático-herética y, en virtud de la tendencia entonces absolutamente necesaria a la unidad y al control, se creó aquella férrea liturgia unitaria que permaneció **y** bajo muchos aspectos al margen de la vida religiosa efectivamente viva. **Esta vida buscó nuevas formas de piedad popular también en la cultura**, a su manera grandiosa, **del barroco cristiano**.

7. Tales límites llevaron, por fin, a hacer nuevos cambios y retoques

Sea por parte de los mismos Papas, sea con las nuevas creaciones de la liturgia neogalicana y, por último, con las proposiciones e intentos de reforma radicales, y que incluso rebasan a veces de manera cismático-herética la medida debida, producidos en el período de la Ilustración, por ejemplo con las proposiciones del **sínodo de Pistoia**. Todo ello se redujo, sin embargo, a episodios fragmentarios.

Este Sínodo de Pistoya se celebró el 28 de septiembre de 1786, por Escisión de Ripio, obispo de Pistoya y Prato. Señala el esfuerzo más atrevido que se hizo para asegurar un puesto en Italia para **el Jansenismo y errores similares**. Pedro Leopoldo, al ser nombrado Gran Duque de la Toscana en 1763, quiso seguir el ejemplo de su hermano el emperador José II en asumir el control de los asuntos religiosos en sus dominios. Imbuido con ideas de **regalismo y jansenismo** extendió su equivocado celo a los más pequeños detalles de disciplina y culto. En dos instrucciones del 2 de agosto de 1785 y 26 de enero de 1786, envió a cada uno de los obispos de Toscana una serie de 57 "puntos de vista de su Alteza Real" sobre asuntos disciplinarios, doctrinales y litúrgicos, imponiendo que se celebraran sínodos diocesanos cada dos años para aplicar la reforma de la Iglesia y para "restaurar para los obispos sus derecho naturales usurpados abusivamente por la Corte Romana".

8. LA REFORMA INSPIRADA EN EL MOVIMIENTO LITÚRGICO.

8.1. Qué entendemos por "Movimiento Litúrgico"

El Movimiento Litúrgico tiene su origen en el monje benedictino Guéranger. Fue fundador y primer abad de Solesmes (1805-1875). Su empeño por volver a la liturgia romana fue producto del querer ir a las fuentes. No llegó a tanto porque no se habían descubierto y analizado todavía los textos más primitivos. Se quedó en el rito romano y no el original rito romano sino el rito romano con las adherencias del rito franco-germánico. Como todo inicio tuvo sus aciertos y deficiencias, pero hizo volver los ojos a tres realidades mal comprendidas y/o vividas en aquella época: **la liturgia, la Iglesia y la Biblia.**

Le damos importancia a este Movimiento porque es el que **preparó e hizo posible que la primera Constitución del Concilio Vaticano II fuese sobre la Liturgia**. Lo habían preparado y estaba bastante aceptado por la Iglesia.

El Movimiento Litúrgico, que va desde principios del siglo XX hasta el Concilio Vaticano II, trabajó estos puntos y, al mismo tiempo, dio como frutos, los escritos de los Papas Pío X y Pío XII:

- el origen de la liturgia,

- la pastoral litúrgica,

- la ciencia litúrgica y

- los escritos de Pío X y de Pío XII.

Se trata de un proceso cultural y espiritual complejo, de amplísimo alcance. En sus primeros momentos, a través de la obra de Dom Próspero Guéranguer (con su producción literaria *L'année liturgique e Institutions liturgiques* y con su batalla contra la liturgia neogalicana a favor de la liturgia romana, aun cuando sea discutible y criticable en algún punto), el Movimiento Litúrgico se basa en las intenciones más profundas de Pío V acerca de la liturgia, que desarrolla y que, a través de Pío X, Malinas (con Lamberto Beauduin) y la *Mediator Dei,* de Pío XII, desembocará en el Vaticano II y en su reforma litúrgica, y por fin en aquella restauración de la *primitiva norma de los Santos Padres* que tanto había deseado Pío V y que era la instancia de todos los movimientos de reforma desde finales de la Edad Media, sobre todo desde el fin del cisma de Occidente y del período aviñonés por obra del Concilio de Constanza.

8.2. Pío X. En el arranque de esta imponente línea de desarrollo está seguramente el trabajo de varios centros del s. XIX: Solesmes, con Guéranger; Beuron, con M. y Pl. Wolter; el Vat. I, con sus estímulos a la renovación y profundización de la vida eclesial bajo la guía del papado; el florecimiento de una renovada teología (de la escuela romana y de la escuela de Tubinga); los intentos de renovación de la música sagrada, sobre todo en el marco del movimiento ceciliano con el congreso de Arezzo (1882), y los esfuerzos del Card. José Sarto (Pío X). Pero **como arranque del verdadero Movimiento Litúrgico moderno se debe considerar el primer decenio del s. XX**.

Su fundamento —aunque no se le diera de inmediato tal importancia— fueron sin duda las palabras programáticas de Pío X en su motu proprio del 22 de noviembre de 1903 sobre la restauración de la música sagrada, *Tra le sollecitudini:* "Siendo... un vivísimo deseo nuestro que florezca nuevamente de todas las maneras posibles **el verdadero**

espíritu cristiano..., es necesario antes que nada atender a la santidad y dignidad del templo, donde se reúnen precisamente los fieles **para beber ese espíritu** de su primera e indispensable fuente, **que es la participación activa** en los sacrosantos misterios y en la oración pública y solemne de la Iglesia".

Esta importante declaración no tuvo consecuencias inmediatas. Los decretos sobre la comunión promulgados por el papa inmediatamente después aumentaron la **frecuencia de la comunión eucarística, pero sin una conexión directa con la liturgia de la misa**, pese a haber desempeñado la necesaria función de abrir caminos.

---Observa, querido lector/a, las palabras citadas del motu proprio de Pío X y fíjate como todavía hoy no está generalizada "la primera e indispensable FUENTE del verdadero espíritu cristiano que es la participación **activa** en los sacramentos y en la oración pública de la Iglesia". ¿No dicen las estadísticas que cada vez son menos los cristianos practicantes?... En mi infancia existía mucho eso de comulgar sin estar en la misa entera, sino que los sacerdotes tenían que dar la comunión antes de comenzar la eucaristía, en ella y después de terminar la misa. ¿Y cuántos son los niños que después de celebrar su Primera Comunión no aparecen más por la iglesia? Yo lo he comprobado preguntando el domingo siguiente: ¿De los que estáis presentes, cuántos hicisteis el domingo pasado su Primera comunión?---

8.3 *Congreso de Malinas: L. Beauduin.* El auténtico comienzo de aquel movimiento que en 1956 Pío XII definiera "como un paso del Espíritu Santo por su Iglesia" se ve en el impulso que da el Congreso de Malinas de 1909, con el inflamado discurso de Dom Lamberto Beauduin y con la actividad litúrgico-pastoral de las abadías belgas puestas en movimiento por este acontecimiento".

Indicamos brevemente los datos que revelan la amplitud del movimiento: --Lovaina/ Mont César; M. Festugiére, con su ensayo sobre *La liturgie catholique,* de 1913, en el que ilustra de manera incluso revolucionaria **cuán gran fuente de energía espiritual es la liturgia correctamente celebrada.**

- Maria Laach, en los años 1913-14 y 1918 y siguientes, con su actividad en el mundo de los estudiantes y con sus colecciones, en parte divulgativas, en parte rigurosamente científicas: *Ecclesia Orans, Liturgiegeschichtliche Quellen und Forschungen; y Jahrbuch für Lit. Wiss,* de O. Casel a partir de 1921;

- Pius Parsch en Austria, con su actividad litúrgica popular; la "Rivista liturgica" de Finalpia, a partir de 1914;

- Schuster y su *Liber sacramentorum;*

- Los salesianos E.M. Vismara y don Grosso, así como muchos otros. **Todos estos intentos tendían a valorar y a aprovechar las fuentes de la piedad auténtica descubiertas en la liturgia romana**, precisamente en una atmósfera de rigurosa centralización y sumisión a la norma de la iglesia de Roma.

Bastaba con abrir los libros romanos y celebrar la liturgia de acuerdo con ellos para descubrir "el fundamento objetivo de la construcción individual de la propia vida religiosa". "Se centraban sobre todo en la recta celebración del sacrificio de la misa, pero también en la celebración de los demás sacramentos, de la Liturgia de las Horas (= Oficio Divino) y del Año litúrgico. **Se fijaron como meta concelebrar la liturgia no sólo como individuos aislados, sino como comunidad**, y participar en la acción salvífica de Cristo por la concelebración de las acciones sagradas.

Nueva conciencia de la Iglesia: la Iglesia se hace viva en el alma de los fieles, sobre todo cuando éstos se encuentran reunidos en torno al altar como iglesia local. Se dan cuenta de que **todos los bautizados están llamados**, como sujetos de un sacerdocio universal y bajo la guía del sacerdote ordenado celebrante, a "celebrar" el culto en una acción sagrada que tiene un sentido, es simbólica y sacramental.

Esto tiene lugar cuando nos conformamos a Cristo y a su acción salvífica, *no sólo en el recogimiento mudo y adorante de la oración ante el sagrario, sino sobre todo* en la **participación activa** en la acción sagrada, cuando el acontecimiento salvífico se nos hace presente y engloba en sí mismo a nosotros y nuestro camino en Cristo hacia el Padre, para alabanza de su gloria y para salvación nuestra.

9. Punto central de todos los esfuerzos es la celebración de la misa, sobre todo en la forma de misa **recitada, dialogada**, de la misa **comunitaria**. El ideal es y sigue siendo la adhesión fiel a las normas oficiales de la liturgia romana. **En un primer momento**, pues, no se necesitan formas nuevas, y **se limitan a dejar de lado, con una actitud cada vez más crítica, las menos válidas,** como la misa ante el Santísimo expuesto o la exuberante abundancia de misas *de negro o* de difuntos.

9.1 Las iniciativas positivas son más numerosas:

- predilección de la liturgia por encima de los "ejercicios piadoso individuales", sobre todo durante los tiempos fuertes de la Liturgia: Adviento, Cuaresma…;

- recitación comunitaria de 'Completas' y de otras Horas del Oficio Divino (= Breviario), a ser posible en el momento debido;

- en los límites de lo posible, la comunión en cada misa, pero con hostias "consagradas en la misma misa", etc.

De semejante actitud crítica brota, con el paso de los años, también el deseo de ver cambiadas algunas cosas no tan perfectas.

---Fijémonos en que algunas de estas prácticas menos válidas todavía continúan; mientras que no todas las "iniciativas positivas" son minoritarias---

9.2 Pío XII: *"Mediator Dei" y vigilia pascual.* Las reacciones que desencadena esta nueva actitud conducen, hacia 1938-39, a una crisis, que provocará la intervención de Pío Xll con la encíclica *Mediator Dei,* de 1947, que pone en guardia contra desviaciones y exageraciones, pero a la vez reconoce expresamente las instancias auténticas del Movimiento Litúrgico.

Sin duda el punto culminante de su intervención es el encargo confiado en 1948 a la Congregación de Ritos de preparar una reforma general de la liturgia, encargo que dará su primer fruto con la reintroducción de la Vigilia Pascual y la reforma de la semana santa, establecidas por el decreto *Maxima redemptionis mysteria,* de 1955. Así se abría el camino que, a través de numerosos congresos internacionales de estudiosos y expertos en liturgia (a partir de 1951) y sobre todo a través del congreso litúrgico pastoral de Asís de 1956 y el congreso eucarístico de Munich de 1960, llevaría al concilio Vaticano II.

CAPÍTULO QUINTO

EL CONCILIO VATICANO II Y LA CONSTITUCIÓN "SC"

1. Constitución la Sagrada Liturgia (SC) y reforma posconciliar. El Concilio y todo su programa de reforma son mérito de la valiente iniciativa, verdaderamente bajo la guía del Espíritu Santo, de Juan XXIII. Fue providencial que el primer documento conciliar fuera la constitución litúrgica *Sacrosanctum Concilium*.

En ella encontramos frecuentemente de manera programática la finalidad última de la reforma conciliar y el camino hacia ella: el Concilio se interesa especialmente por la reforma e incremento de la liturgia porque se propone "acrecentar entre los fieles de día en día la vida cristiana, adaptar mejor a las necesidades de nuestro tiempo las instituciones que están sujetas a cambio..." (SC 1).

El hecho de que comenzara por la Constitución sobre la liturgia (SC) fue sintomático: sobre todo porque **la glorificación de Dios y la comunicación de la salvación en Cristo a los hombres deben constituir siempre el fin primordial de la Iglesia**; luego, porque el programa expresado en la constitución litúrgica era el fruto precioso del trabajo de todo un siglo del Movimiento Litúrgico, correspondía al deseo de los mejores miembros de la Iglesia, y estaba apoyado por el trabajo conjunto de todos los liturgistas.

El Concilio votó la constitución el 4 de diciembre de 1963, con 2.147 *placet* y cuatro *non placet, y* Pablo VI la aprobó. Ésta (SC) finalmente hacía lo que se debería haber hecho al final de la Edad

Media, pero que el concilio de Trento no pudo realizar por falta de tiempo y por el precipitarse de los acontecimientos:

★**clarificaciones de fondo** sobre lo que es la liturgia **como culto** de la Iglesia, **como adoración** del Padre en espíritu y verdad, **como celebración memorial** de la obra salvífica de Cristo;

★indicación de las normas directivas de una reforma real, para perseguir finalmente —pidiendo otra vez para ello la intervención del Papa, pero con medios mejores que entonces—la meta valiente que Pío V se había propuesto, es decir, la renovación de la liturgia "ad pristinam normam Patrum" (= a la norma primera de los Santos Padres) (bula *Quo primum,* de 1570), llevando a cabo al mismo tiempo una genuina actualización según las necesidades de nuestros días.

La Constitución sobre la Liturgia expone en el **capítulo inicial** los "principios generales para la reforma y fomento de la sagrada liturgia". En primer lugar ilustra la naturaleza y la importancia de la liturgia misma. Esta se halla dentro de la realización del proyecto salvífico de Dios para nuestra redención y para la adoración del Padre, que el Hijo encarnado de Dios, Jesucristo, ha actuado sobre todo mediante el *misterio pascual* de su pasión y glorificación.

La iglesia debe proclamar y actualizar esta obra salvífica precisamente en la liturgia, en la que "se ejercita la obra de nuestra redención" (SC 2). Para ello:

2. Cristo está siempre presente en su Iglesia, por lo cual:

 ★★★toda celebración litúrgica "es acción sagrada por excelencia, cuya... eficacia no la iguala ninguna otra acción de la iglesia" (SC 7).

 ★★★La acción de la iglesia no se agota obviamente en la liturgia, aunque ésta, de todas formas, sigue siendo *cumbre y fuente* (SC 10).

★★★El fin de toda la actividad litúrgica es "aquella participación plena, consciente y activa en las celebraciones litúrgicas" a la que los fieles están llamados y capacitados por el bautismo (SC 14).

Para alcanzar esta finalidad, es necesario efectuar una *reforma* con fidelidad a la "sana tradición", pero con espíritu abierto a un "progreso legítimo" (SC 23); una reforma que siempre debe estar preparada y acompañada por estudios profundos, por la atención al verdadero espíritu de la liturgia y por prudencia pastoral.

En este trabajo, evidentemente, es necesario tener en cuenta el **carácter comunitario del culto cristiano** *(SC 26;* 41s). Desde luego son posibles eventuales cambios y adaptaciones a las Iglesias locales; la Iglesia ya no impone "una rígida uniformidad", aunque todas las decisiones deben llevar el sello de la autoridad episcopal y de la autoridad papal (SC 37; 32; 43ss).

A estas explicaciones de carácter general, aunque extraordinariamente importantes, **siguen las directrices que se refieren a las diferentes partes de la liturgia**:

1) Por lo que concierne **al sacrificio de la misa**, son de suma importancia:

* ★ la insistencia sobre la proclamación de la Palabra de Dios también en lengua vernácula en la misa,

* ★ la concesión de la comunión bajo las dos especies (a lo que la jerarquía todavía no se ha atrevido, sino en situaciones muy contadas; yo pienso que sobre todo por problemas prácticos, pero me da pena que sea así)

* ★ y el restablecimiento de una genuina "concelebración" (SC 47–58).

2) En cuanto a los demás sacramentos, merecen mención especial:

* ★ la renovación de la liturgia bautismal

★   y sobre todo la restauración de un "Catecumenado... dividido en distintas etapas" (SC 64)

3) El capítulo relativo al Año Litúrgico subraya:

★   la posición central de la fiesta de pascua y del domingo,

★   y, sobre todo, la preeminencia de "la liturgia del tiempo" --Adviento, Navidad, Cuaresma, Triduo Pascua, Pascua y Tiempo Ordinario-- sobre las fiestas de los Santos, que han de ser reorganizadas (SC 102-111). Pasaron todos los que fue posible a la fecha de su muerte, como inicio de su otra vida.

4) Finalmente, siguen algunas disposiciones sobre "la música sagrada" (112-121) **y sobre "el arte y los objetos sagrados"** (122-130), así como un Apéndice con la declaración de disponibilidad por parte de la iglesia para establecer, en diálogo con los "hermanos separados", "la fijación de la fiesta de Pascua en un domingo determinado... del calendario gregoriano".

5) Todo lo que se ha dicho en la Constitución SC es sumamente valioso. Pero en ella se han querido limitar expresamente a las directrices generales y a las primeras realizaciones más importantes.

La auténtica reforma debía ser nuevamente tarea del Papa. **Pablo VI puso rápidamente manos a la obra**: instituyó con el motu proprio *Sacram liturgiam,* de enero de 1964, el "Consejo para la Ejecución de la Constitución de la Sagrada Liturgia", compuesto por 30-40 cardenales y obispos de toda la iglesia, la mitad nombrados por el Papa y la otra mitad designados por las conferencias episcopales. Se puso a su disposición casi doscientos colaboradores (consultores y consejeros). Con un trabajo cuidadoso, reuniones de comisiones celebradas en diferentes lugares de Europa, más de una sesión anual de obispos y cardenales, consultas y experimentos prácticos, el ingente trabajo de la reforma *posconciliar* se llevó a cabo en un período de quince años.

6) Se trata de una reforma de proporciones desconocidas antes de ahora: reestructuración de casi todos los ritos y composición de los textos correspondientes en lengua latina. Fue luego tarea de las Conferencias Episcopales de las diferentes áreas lingüísticas traducir esos libros a la propia lengua y, eventualmente, adaptar los ritos a situaciones diversas, naturalmente sometiendo el resultado final a la aprobación definitiva de la Sede Apostólica. La reforma (con la publicación del *Ceremonial de los Obispos,* 1984) puede considerarse concluida sustancialmente al más alto nivel. Los protagonistas y los responsables de la reforma —Concilio, Papa y el *Consejo* encargado por él—eran perfectamente conscientes de lo extraordinario de la tarea y de las *chances* que tenía, e hicieron todo lo posible por aprovecharlas: de aquí resultó una reforma de alcance verdaderamente histórico. Salvando el núcleo esencial establecido por Cristo y los apóstoles, han tratado de volver a las formas originales de la Liturgia Romana clásica y de tener en cuenta a la vez la situación actual.

7)   Ha terminado la época de aquella liturgia *romana*

Era una adaptación franco-germánica a las condiciones medievales, sin que por ello se deba renunciar a los valores permanentes que habían introducido esas formas medievales. Tan ambiciosa meta se ha alcanzado sustancialmente, aunque la obra, fruto siempre del trabajo humano, no es perfecta al ciento por ciento. Las intenciones del *Consejo* encargado de la reforma se expresaron claramente, sobre todo en las diversas instrucciones públicas de los competentes dicasterios, como p.ej. la *El misterio eucarístico,* de 1967, que hace importantes afirmaciones sobre la naturaleza teológica de la celebración eucarística y de la piedad eucarística en general, etc.. Es importante la afirmación contenida ya en la primera instrucción, *ínter oecumenici:* "...Ante todo es conveniente que todos se convenzan de que la Constitución del Concilio Vaticano II sobre la Sagrada Liturgia (SC) **no tiene como finalidad cambiar sólo los ritos** y los textos litúrgicos, sino más bien suscitar en los fieles una formación y promover una acción pastoral que tenga como punto culminante y fuente inspiradora la sagrada liturgia". "El esfuerzo de esta acción pastoral centrada en la liturgia ha de tender a hacer vivir el misterio pascual.... La actualización del misterio pascual de Cristo: he aquí la finalidad última a la que se orientan los nuevos <libros litúrgicos> y las correspondientes <acciones sagradas>.

Para esto sirve la reordenación del Año Litúrgico, tal y como nos la ilustra el pequeño documento *Calendario Romano,* de 1969; el nuevo *Misal Romano,* de 1969-70 (que ha tenido una nueva edición en 2.015), y la nueva *Liturgia de las Horas,* de 1970-71.

El punto más central es la celebración del Triduo Pascual con su respectiva Vigilia, seguido del "tiempo de cincuenta días", que se cierra con el domingo de Pentecostés, cuya octava se suprime;

★ esa celebración se prepara con el "tiempo de cuarenta días" (= la Cuaresma) de ayuno, de penitencia y de preparación a los sacramentos pascuales,

★ con la supresión de los domingos de septuagésima.

★ la celebración pascual se prolonga a lo largo del año *(per annum)* en 34 domingos.

★ el comienzo del Año Litúrgico está marcado con el Adviento, la Navidad y la Epifanía (= Reyes), por el tiempo de la "manifestación del Señor", o sea, por la celebración de su venida: de la encarnación del Hijo de Dios en la tierra y de su vuelta gloriosa. Una gradación inteligente y práctica de las fiestas (solemnidad, fiesta, memoria obligatoria o libre) permite celebrar a los Santos sin grandes dificultades, máxime cuando solamente son obligatorias las fiestas de aquellos Santos que son importantes para toda la Iglesia, mientras que se deja a las Iglesias locales la celebración de aquellos otros a los que ellas están unidas de manera especial.

En el marco de este calendario anual, **todos estamos invitados a participar <u>activamente</u> en la celebración comunitaria del sacrificio eucarístico <u>y, dentro de lo posible</u>,** y desde luego al menos como principio, <u>también en la celebración de la **Liturgia de las Horas**</u>, que ha sido reestructurada de manera que sea viable también para los laicos, y sobre todo para la "comunidad familiar" (= esposos e hijos). Estas "acciones cultuales principales" contienen la mayor parte del patrimonio tradicional de oración de la Iglesia Romana, de manera que todos los fieles pueden **escuchar**, en los domingos de los tres años

(A, B y C) en que se distribuyen las lecturas, **todo el NT y las partes esenciales del AT**.

8. Ofrecen ulteriores riquezas de la antigua tradición clásica un gran número de oraciones tomadas de los antiguos Sacramentarios Romanos, numerosos Prefacios y, junto al Canon romano, otras Plegarias Eucarísticas, compuestas según el espíritu de la antigua liturgia romana y de las Plegarias eucarísticas de las iglesias orientales. ---Concretamente, en 2.015 hay 13 Plegarias autorizadas: la 1ª es el antiguo canon romano. De ellas tres son para niños---

9. Los tres Sacramentos de la Iniciación Cristiana y los cuatro restantes

De manera semejante se ha ordenado y enriquecido la celebración de los "sacramentos de la Iniciación" (el conjunto unitario formado por el bautismo, la confirmación y la primera participación 'completa' en la eucaristía),

*   ★ **de la penitencia**: "En la remisión de los pecados, los sacerdotes y el sacramento son meros instrumentos de los que quiere servirse nuestro Señor Jesucristo, único autor y dispensador de nuestra salvación, para borrar nuestras iniquidades y darnos la gracia de la justificación (Cat. Igl. Catª, n° 987).

El Credo vincula la fe en el perdón de los pecados a la Fe en el Espíritu Santo, pero también a la fe en la Iglesia y en la común-unión de los santos (= palabra que tiene un doble significado: todo bautizado que aún vive en la tierra y los canonizados que ya gozan de la gloria eterna) C. Igl. Catª, n° 976).

No hay ninguna falta, por grave que sea, que la Iglesia no pueda perdonar. Y no hay nadie, tan perverso y tan culpable, que no debe esperar con confianza su perdón, siempre que su arrepentimiento sea sincero (C. Igl. Catª n° 982) (Véase también los nn. 1422-1470 y especialmente del 1468 al 1470 sobre los efectos de este sacramento).

*   ★ **de la Unción de los enfermos** (C. Igl. Catª, nn.1499-1525). "Así como los sacramentos del Bautismo, Confirmación y

eucaristía constituyen una unidad llamada 'los sacramentos de la iniciación cristiana', se puede decir que los de la Penitencia, la Unción de los enfermos y la Eucaristía, en cuanto Viático, constituyen "los sacramentos que preparan para entrar en la Patria" o "los que cierran nuestra peregrinación" (n° 1525).

Si un enfermo que recibió la Unción recupera la salud puede, en caso de nueva enfermedad grave, recibir de nuevo este sacramento. Y en el curso de la misma enfermedad, el sacramento puede reiterarse si la enfermedad se agrava. Es también apropiado recibirlo antes de una operación importante y esto mismo puede aplicarse a las personas de edad avanzada. Es deber de los pastores (sacerdotes y catequistas) instruir a los fieles sobre los beneficios de este sacramento que es apropiado recibirlo antes de una operación importante y esto mismo puede aplicarse a las personas de edad avanzada.

Efectos del Sacramento de la Unción: La gracia primera es una gracia de consuelo, de paz y de ánimo para vencer las dificultades propias del estado de enfermedad grave o de la fragilidad de la vejez… la curación del alma, pero también la del cuerpo… Se recibe fuerzas y el don de unirse más íntimamente a la Pasión de Cristo. Y así contribuyen al bien del Pueblo de Dios. Al tiempo que reciben una preparación para el último tránsito.

★ **del matrimonio:** De un extremo a otro la Biblia habla del matrimonio, de su "misterio, de su institución y del sentido que Dios le dio, de su origen y de su finalidad, de sus realizaciones diversas a lo largo de la Historia de la Salvación, de sus dificultades, nacidas del pecado, y de su 'renovación en el Señor (1ª Cor 7, 39). Todo ello en la perspectiva de la Nueva Alianza de Cristo y de la Iglesia (cf. Ef 5, 31-32; Gén 1, 26-27; Apoc 19, 7.9 y C. Igl. Catª, nn.1601-1654). **Estos son los subtítulos:** El matrimonio en el Plan de Dios: *el matrimonio en el orden de la creación (1603-1605); el matrimonio bajo la esclavitud del pecado (1606-1608); el matrimonio bajo la pedagogía de la antigua Ley (1609-1611); el matrimonio en el Señor (1612-1617); la virginidad por el Reino de Dios (1618-1620).* La celebración del matrimonio (1621-1624). El consentimiento matrimonial (1625-1632): *matrimonios mixtos y disparidad de culto (1633-1637).*

Los efectos del sacramento del matrimonio (1638-1642): *el vínculo matrimonial (1639-1640); la gracia del sacramento del Matrimonio (1641-1642.* **Los bienes y las exigencias del amor conyugal (1643-1654):** *Unidad e indisolubilidad del matrimonio (1644-1645); la fidelidad del amor conyugal (1646-1651); la apertura a la fecundidad (1652-1654).*

A continuación habla de la 'Iglesia doméstica', en los nn. 1655-1658.

* **del orden jerárquico** (nn. 1536-1589): En tiempos anteriores, dentro de la jerarquía <u>católica</u>, hubo ocho órdenes: cinco menores y tres <u>mayores</u>. Las menores fueron: <u>ostiario</u>, <u>lector</u>, <u>exorcista</u>, <u>acólito</u>; y las mayores: <u>subdiaconado</u>, <u>diaconado</u>, <u>presbiterado</u> (= sacerdocio) y <u>episcopado</u>).

Transcribo los subtítulos: **1)** <u>El nombre de este Sacramento</u> (1537-1538); **2)** <u>Este Sacramento en la 'Economía de la salvación'</u>: *el sacerdocio de la Antigua Alianza (1539-1543); El único sacerdocio de Cristo (1544- 1547); Cristo como Cabeza del cuerpo de la Iglesia (1548-1551); "en nombre de toda la Iglesia" (1552-1553).* **3)** <u>Los tres grados del Sacramento del Orden</u> (1554): *La ordenación episcopal, plenitud del sacramento del Orden (1555- 1561); la ordenación de los presbíteros, cooperadores de los Obispos (1562-1568); La ordenación de los diáconos, 'en orden al ministerio' (1569-1571).* **4)** <u>La celebración de este sacramento</u> (1572-1574). **5)** <u>El ministro de este Sacramento</u> (1575-1576). **6)** <u>Quién puede recibir este Sacramento</u> (1577-1580)

Los efectos del Sacramento del Orden (nn. 1581-1589): *El carácter indeleble (nn. 1581-1584): La gracia del Espíritu Santo (nn. 1585-1589)* "es la de ser configurado con Cristo-Sacerdote, Maestro y Pastor, de quien el ordenado es constituido ministro (= servidor).

10. Los Sacramentales: También son tratados en la SC y en el Cat. Igl, Catª.

Se han reordenado las celebraciones que pertenecen al campo de los **Sacramentales**; pero que no son menos importantes para la vida eclesial y cristiana. "Estos son signos sagrados creados según el modelo de los Sacramentos, por medio de los cuales se expresan efectos, sobre todo, de carácter espiritual obtenidos por la intercesión de la Iglesia. Por ellos, los hombres se disponen a recibir el efecto principal de los Sacramentos y se santifican las diversas circunstancia de la vida (SC nº 60). Por tanto, la Liturgia de los Sacramentos y de los **Sacramentales hace que, en los fieles bien dispuestos, casi todos los actos de la vida sean santificados por la gracia divina** que emana del Misterio Pascual de la Pasión, Muerte y Resurrección de Cristo, del cual todos los Sacramentos y **Sacramentales** reciben su poder; y hace también que el uso honesto de las cosas materiales pueda ordenarse a la santificación del hombre y a la alabanza de Dios (SC nº 61)

Enumeramos algunos: la consagración de una iglesia, los ritos de la Vida Religiosa (que alcanzan su vértice en la profesión religiosa solemne y en la consagración de las vírgenes), así como la consagración del abad y de la abadesa; numerosas bendiciones, como p.ej. de la casa, el coche, la fábrica y un amplio, etc.; el rito de las exequias y el de la sepultura de niños…

CAPÍTULO SEXTO

MÁS SOBRE LA CONSTITUCIÓN "LA SAGRADA LITURGIA" (SC)

Como para tratar el tema de la Liturgia no hay documento más autorizado que la Constitución "Sacrosanto Concilio" (SC) del Vaticano II, te la voy a presentar lo más simplificada posible. Tú, lector/a, puedes acudir al texto completo a través de internet o libro de papel.

Comienza con un Proemio que señala que la intención del documento es "acrecentar entre los fieles la vida cristiana". Y a esto "corresponde, de un modo particular, la reforma y el fomento de la Liturgia".

Viene luego el primer subtítulo: *La Liturgia en el misterio de la Iglesia*, que afirma tajantemente: por ella "se ejerce la obra de nuestra Redención", sobre todo en el divino sacrificio de la Eucaristía".

En el subtítulo siguiente –*Liturgia y ritos*– leemos: "la Madre Iglesia atribuye igual derecho y honor a todos los ritos legítimamente reconocidos y quiere que en el futuro se conserven y fomenten por todos los medios".

En el Cap° I encontramos que **la obra de la salvación se realiza en Cristo** (fíjate bien, que esta idea es fundamental y se repetirá muchas veces). "Dios quiere que <u>todos</u> los hombres se salven y lleguen al conocimiento de la verdad (1ª Tim 2,4). Para ello envió a su Hijo, el Verbo (=la Palabra) hecho carne, ungido por el Espíritu Santo, para evangelizar a los pobres y curar a los contritos de corazón, mediador entre Dios y los hombres. Por esto, <u>en Cristo se realizó plenamente</u> nuestra reconciliación y <u>se nos dio la plenitud del culto divino</u>. Cristo la realizó principalmente por el misterio pascual de su bienaventurada pasión, resurrección de entre los muertos y gloriosa ascensión. Con su Muerte destruyó nuestra muerte y con su Resurrección restauró nuestra vida y del costado de Cristo en la cruz nació "el sacramento admirable de la Iglesia entera".

Todo esto se realiza *en la Iglesia por la Liturgia*. ¿Cómo?: Cristo envió a los Apóstoles (y en ellos fuimos enviados cada uno de nosotros) llenos del Espíritu Santo, que recibimos en el Bautismo. No sólo los envió a predicar el Evangelio a toda criatura y a anunciar que el Hijo de Dios, con su Muerte y Resurrección, nos libró del poder de Satanás y de la muerte, y nos condujo al reino del Padre, sino también a realizar la obra de salvación que proclamamos, **mediante el sacrificio eucarístico (= la Misa) y los otros seis sacramentos, en torno a los cuales gira toda la vida litúrgica.**

Y así, por el Bautismo, los hombres somos injertados en el misterio pascual de Jesucristo: morimos con Él, somos sepultados con Él y resucitamos con Él; recibimos el **espíritu de adopción de hijos** "por el que clamamos: Abba, Padre" (*Rom.*, 8,15) y nos convertimos así en los verdaderos adoradores que busca el Padre.

Desde entonces, la Iglesia nunca ha dejado de reunirse para celebrar el misterio pascual en toda eucaristía: leyendo "cuanto a él se refiere en toda la Escritura" (*Lc.*, 24,27), celebrando la consagración del pan y el vino, en la cual "se hace de nuevo presentes la victoria y el triunfo de su Muerte", y dando gracias al mismo tiempo " a Dios por el don inefable" (*2 Cor.*, 9,15).

Presencia de Cristo en la Liturgia

Para realizar una obra tan grande, Cristo está siempre presente en su Iglesia, en toda <acción litúrgica>: está presente en el sacrificio de **la Misa**, sea en la persona del ministro, sea sobre todo bajo las especies eucarísticas. Está presente con su fuerza en **los otros Sacramentos**, de modo que, cuando alguien bautiza, es Cristo quien bautiza. Está presente en **su palabra**, pues cuando se lee en la Iglesia la Sagrada Escritura, es Él quien habla. Está presente, por último, cuando **la Iglesia suplica y canta salmos**, el mismo que prometió: "Donde están dos o tres congregados en mi nombre, allí estoy Yo en medio de ellos" (*Mt.*, 18,20).

Realmente, en esta obra tan grande, por la que Dios es perfectamente glorificado y los hombres santificados, Cristo asocia siempre consigo a su amadísima Esposa la Iglesia, que invoca a su Señor y por Él tributa culto al Padre Eterno.

La Liturgia como el ejercicio del sacerdocio de Jesucristo

En ella los signos sensibles <u>significan</u> y, cada uno a su manera, <u>realizan</u> la santificación del hombre, y así el Cuerpo Místico de Jesucristo, es decir, la Cabeza y sus miembros, ejerce el <u>culto público íntegro</u>. En consecuencia, toda celebración litúrgica, por ser obra de Cristo sacerdotes y de su Cuerpo, que es la Iglesia, es acción sagrada por excelencia, <u>cuya eficacia</u>, con el mismo título y en el mismo grado, <u>no la iguala ninguna otra acción de la Iglesia</u>.

Liturgia terrena y Liturgia celeste

En la Liturgia terrena pregustamos y tomamos parte en aquella Liturgia celestial, que se celebra en la santa ciudad de Jerusalén, hacia la cual nos dirigimos como peregrinos, y donde Cristo está sentado a la diestra de Dios, cantamos al Señor el himno de gloria con todo el ejército celestial; venerando la memoria de los santos esperamos tener parte con ellos y gozar de su compañía; aguardamos al Salvador, Nuestro Señor Jesucristo, hasta que se manifieste Él, nuestra vida, y nosotros nos manifestamos también gloriosos con Él.

La Liturgia <u>no</u> es la única actividad de la Iglesia

La sagrada Liturgia **no agota** toda la actividad de la Iglesia, pues para que los hombres puedan llegar a la Liturgia es necesario que antes sean llamados a la fe y a la conversión: *"¿Cómo invocarán a Aquel en quien no han creído? ¿O cómo creerán en Él sin haber oído de Él? ¿Y cómo oirán si nadie les predica? ¿Y cómo predicarán si no son enviados?"* (*Rom.*, 10,14-15). Por eso, **a los no creyentes** la Iglesia proclama el mensaje de salvación para que todos los hombres conozcan al único Dios verdadero y a su enviado Jesucristo… **Y,** naturalmente, también lo proclama **a los creyentes**

★ les debe predicar continuamente la fe y la penitencia, y

★ debe prepararlos, además, para los Sacramentos,

★ enseñarles a cumplir todo cuanto mandó Cristo y

★ estimularlos a toda clase de obras de caridad, piedad y apostolado, para que se ponga de manifiesto que <u>los fieles, sin ser de este mundo, son la luz del mundo</u> y dan gloria al Padre delante de los hombres.

La Liturgia, cumbre y fuente de la vida eclesial

No obstante, la Liturgia es **la cumbre** a la cual tiende la actividad de la Iglesia y al mismo tiempo **la fuente** de donde mana toda su fuerza. Pues los trabajos apostólicos se ordenan a que, una vez hechos hijos de Dios por la fe y el bautismo, todos se reúnan para alabar a Dios en medio de la Iglesia, <u>participen</u> en el sacrificio y <u>coman</u> la cena del Señor (= comulguen). Por su parte, la Liturgia misma ruega a Dios que sus hijos "conserven en su vida lo que recibieron en la fe". Por tanto, de la Liturgia, sobre todo de la Eucaristía, mana hacia nosotros la gracia como de su fuente y se obtiene con la máxima eficacia aquella santificación de los hombres en Cristo y aquella glorificación de Dios, a la cual las demás obras de la Iglesia tienden como a su fin. --- ¿Te das cuenta, lector/a querido/a, de la importancia de la Misa dominical? ¿Cómo te vas a mantener fuerte sin comer, al menos semanalmente, la Palabra, el Cuerpo y sangre de Cristo?---

Necesidad de las disposiciones personales

Pero, para asegurar esta plena eficacia es necesario que los fieles se acerquen a la sagrada Liturgia:

a) con recta disposición de ánimo,

b) pongan su alma en consonancia con su voz y

c) colaboren con la gracia divina, para no recibirla en vano.

Por esta razón, los pastores de almas deben vigilar para que en la acción litúrgica no sólo se observen las leyes relativas a la celebración válida y lícita, sino también **para que los fieles participen en ella:**

+ consciente,

+activa

+y fructuosamente.

La Liturgia y ejercicios piadosos.

La liturgia no abarca toda la vida espiritual. En efecto, el cristiano, llamado a <orar en común> (= una de las definiciones de Liturgia) debe, no obstante, entrar también en su cuarto para orar al Padre en secreto; más aún, debe **orar sin tregua,** según enseña el Apóstol. Y el mismo Apóstol nos exhorta a llevar siempre **la mortificación de Jesús en nuestro cuerpo,** para que también la vida de Jesús se manifieste en nuestra carne mortal. Por esta causa pedimos al Padre Dios en el sacrificio de la Misa que, "recibida la ofrenda de la víctima espiritual" (que es Jesús), haga de nosotros mismos una "ofrenda eterna" para Sí.

---Vuelve a leer este párrafo, porque es muy importante---

Se recomiendan las prácticas piadosas aprobadas, con tal que...

Se recomiendan encarecidamente los **ejercicios piadosos** del pueblo cristiano, **con tal que** sean conformes a las leyes y a las normas de la Iglesia, en particular si se hacen por mandato de la Sede Apostólica.

Gozan también de una dignidad especial las prácticas religiosas de las Iglesias particulares que se celebran por mandato de los Obispos, a tenor de las costumbres o de los libros legítimamente aprobados.

Ahora bien, **es preciso que estos mismos ejercicios se organicen teniendo en cuenta:**

⋆   **los tiempos litúrgicos,**

★ de modo que vayan de acuerdo con la sagrada Liturgia,

★ en cierto modo deriven de ella y

★ a ella conduzcan al pueblo, **ya que la liturgia, por su naturaleza, está muy por encima de ellos.** ---(Cuatro requisitos interesantes---)

NECESIDAD DE PROMOVER LA EDUCACIÓN LITÚRGICA Y LA PARTICIPACIÓN ACTIVA.

La santa madre Iglesia **desea ardientemente** que se lleve a todos los fieles a aquella participación plena, consciente y activa en las celebraciones litúrgicas que exige la naturaleza de la Liturgia misma y a la cual tiene derecho y obligación, en virtud del bautismo, el pueblo cristiano, "linaje escogido sacerdocio real, nación santa, pueblo adquirido" (*1ª Ped.*, 2,9; cf. 2,4-5).

Al fomentar la sagrada Liturgia hay que tener muy en cuenta esta plena y activa participación de todo el pueblo, **porque es la fuente primaria y necesaria** de donde han de beber los fieles el espíritu verdaderamente cristiano, y por lo mismo, los pastores de almas deben aspirar a ella con diligencia en toda su actuación pastoral, por medio de una educación adecuada. Y como no se puede esperar que esto ocurra, si antes los mismos pastores de almas no se impregnan totalmente del espíritu y de la fuerza de la Liturgia y llegan a ser maestros de la misma, es indispensable que se provea antes que nada a la educación litúrgica del clero.

---Como ves, es en la Liturgia donde se bebe el espíritu verdaderamente cristiano, pero esto exige una "educación adecuada", a la que este libro pretende ayudar"---

Formación de profesores de Liturgia y formación litúrgica del clero

La asignatura de sagrada Liturgia se debe considerar entre las más importantes en los seminarios y casas de estudio de los religiosos. Se explicará tanto bajo el aspecto teológico e histórico como bajo el aspecto espiritual, pastoral y jurídico, de modo que quede bien clara la importancia de la Liturgia,

Vida litúrgica en los seminarios e Institutos Religiosos

En los seminarios y casas religiosas, todos deben adquirir una formación litúrgica de la vida espiritual, por medio de una adecuada iniciación que les permita **comprender** los sagrados ritos y **participar** en ellos con toda el alma, sea celebrando los sagrados misterios, sea con otros ejercicios de piedad penetrados del espíritu de la sagrada Liturgia; aprendan al mismo tiempo a observar las leyes litúrgicas.

Vida litúrgica de los sacerdotes

A los sacerdotes, tanto seculares como religiosos, que ya trabajan en la viña del Señor, se les ha de ayudar con todos los medios apropiados a **comprender** cada vez más plenamente lo que realizan en las funciones sagradas, a **vivir** la vida litúrgica y **comunicarla** a los fieles a ellos encomendados.

---Fíjate bien en la insistencia con que se habla de "comprender", "participar/vivir" y "comunicar"---

Formación litúrgica del pueblo fiel

Los pastores de almas fomenten con **diligencia y paciencia** la educación litúrgica y la participación activa de los fieles, interna y externa, conforme a su edad, condición, género de vida y grado de cultura religiosa, y, en este punto, guíen a su rebaño no sólo de palabra, sino también con el ejemplo.

Transmisiones radiofónicas y televisivas de acciones litúrgicas

Las transmisiones radiofónicas y televisivas de acciones sagradas, sobre todo si se trata de la celebración de la Misa, se harán discreta y decorosamente, bajo la dirección y responsabilidad de una persona idónea a quien los Obispos hayan destinado a este menester.

REFORMA DE LA SAGRADA LITURGIA PROMOVIDA POR EL VAT. II

Para que en la sagrada Liturgia el pueblo cristiano obtenga con mayor seguridad gracias abundantes, la santa madre Iglesia desea proveer con solicitud a una reforma general de la misma Liturgia. Porque la Liturgia consta de una parte que es inmutable por ser de institución divina, y de otras <u>partes sujetas a cambio, que en el decurso del tiempo pueden y aun deben variar</u>, si es que en ellas se han introducido elementos que no responden bien a la naturaleza íntima de la misma Liturgia o han llegado a ser menos apropiados.

En esta reforma, **los textos y los ritos** se han de ordenar de manera que expresen con mayor claridad las cosas santas que significan y, en lo posible, el pueblo cristiano pueda <u>comprenderlas</u> fácilmente y <u>participar</u> en ellas **por medio de una celebración plena, activa y comunitaria.**

Por esta razón, el Concilio Vaticano II estableció estas normas:

A) Normas generales

Sólo la Jerarquía puede introducir cambios en la Liturgia

Conservar la tradición, y apertura al legítimo progreso

Biblia y Liturgia: en la celebración litúrgica **la importancia de la Sagrada Escritura es sumamente grande.** Pues de ella se toman las lecturas que luego se explican en la homilía; y los salmos que se cantan, las preces, oraciones e himnos litúrgicos están penetrados de su espíritu y **de ella reciben su significado las acciones y los signos.** Por tanto, hay que <u>fomentar aquel amor suave y vivo hacia la Sagrada Escritura</u> que atestigua la venerable tradición de los ritos, tanto orientales como occidentales.

B) Normas derivadas de la índole de la liturgia como acción jerárquica y comunitaria.

Las acciones litúrgicas no son acciones privadas, sino **celebraciones de la Iglesia, que es "sacramento de unidad"**. Por eso "las acciones litúrgicas" pertenecen a todo el cuerpo de la Iglesia, influyen en él y lo manifiestan; pero cada uno de los miembros de este cuerpo recibe un influjo diverso, según la diversidad de órdenes, funciones y participación actual.

Primacía de las celebraciones comunitarias

Siempre que los ritos, cada cual según su naturaleza propia, admitan una celebración comunitaria, con asistencia y participación activa de los fieles, hay que preferirla, en cuanto sea posible, a una celebración individual y casi privada. Esto vale, sobre todo, para la celebración de la Misa, quedando siempre a salvo la naturaleza pública y social de toda Misa, y para la administración de los otros Sacramentos.

Cada cual desempeñe su oficio

En las celebraciones litúrgicas, cada cual, ministro o simple fiel, al desempeñar su oficio, hará todo y sólo aquello que le corresponde por la naturaleza de la acción y las normas litúrgicas.

Auténtico ministerio litúrgico

Los acólitos (= monaguillos), lectores, comentadores y cuantos pertenecen a la Schola Cantorum, desempeñan un auténtico ministerio litúrgico. Ejerzan, por tanto, su oficio con la sincera piedad y orden que convienen a tan gran ministerio (= servicio). Con ese fin es preciso que cada uno sea instruido para cumplir su función.

Participación activa de los fieles

Para promover la **participación activa** se fomentarán las aclamaciones del pueblo, las respuestas, la salmodia, las antífonas, los cantos y también las acciones o gestos y posturas corporales. Guárdese, además, a su debido tiempo, un silencio sagrado (cuando el sacerdote dice "Oremos", después de la homilía, cuando levanta la hostia y el vino consagrados para que los miremos y adoremos; al acabar el reparto de la comunión, para que resumamos en una frase corta lo que nos ha dicho el Señor en su Palabra, para repetirla con frecuencia durante el día. No es bueno que en este momento acudamos a oraciones de memoria).

C) Normas para la revisión de las rúbricas

En la revisión de los libros litúrgicos, téngase muy en cuenta que en las rúbricas esté prevista también la participación de los fieles.

No se hará acepción alguna de personas

Fuera de la distinción que deriva de la función litúrgica y del orden sagrado, y exceptuados los honores debidos a las autoridades civiles a tenor de las leyes litúrgicas, no se hará acepción de personas o de clases sociales ni en las ceremonias ni en el ornato externo.

D) Normas derivadas del carácter didáctico y pastoral de la Liturgia.

Aunque la sagrada Liturgia sea principalmente **culto de la divina Majestad**, contiene también una gran instrucción para el pueblo fiel. En efecto, en la liturgia, Dios habla a su pueblo; Cristo sigue anunciando el Evangelio. Y el pueblo responde a Dios con el canto y la oración.

Más aún: **las oraciones que dirige a Dios el sacerdote** —que preside la asamblea representando a Cristo— **se dicen en nombre de todo el pueblo santo y de todos los circunstantes** (= los que están presentes). Los mismos signos visibles que usa la sagrada Liturgia han sido escogidos por Cristo o por la Iglesia para significar realidades divinas invisibles. Por tanto, no sólo cuando se lee "lo que se ha escrito para nuestra enseñanza" (Rom 15,4), sino también cuando la Iglesia ora, canta o actúa, **la fe de los participantes se alimenta** y sus almas se elevan a Dios a fin de tributarle un culto racional y recibir su gracia con mayor abundancia.

Por eso, al realizar la reforma hay que observar las normas generales siguientes:

Estructura de los ritos

Los ritos deben resplandecer con noble **sencillez**; deben ser **breves, claros**, evitando las repeticiones inútiles, **adaptados** a la capacidad de los fieles y, en general, no deben tener necesidad de muchas explicaciones.

Biblia, predicación y catequesis litúrgica

Para que aparezca con claridad la íntima conexión entre la palabra y el rito en la Liturgia:

1). En las celebraciones sagradas debe haber lectura de la Sagrada Escritura abundante, variada y apropiada.

2). **La Homilía:** por ser **parte integrante de la acción litúrgica**, cúmplase con la mayor fidelidad y exactitud el ministerio de la predicación. Las fuentes principales de la predicación serán la Sagrada Escritura y la Liturgia, ya que es una proclamación de las maravillas obradas por Dios en la historia de la salvación o misterio de **Cristo**, que **está siempre presente y obra en nosotros**, particularmente en las celebraciones de la Liturgia.

   ---Podemos concluir que quienes se salen durante la homilía a echar un cigarrillo, no cumplen con el precepto, porque se pierden una parte integrante de la Misa---

3). Incúlquese también por todos los medios **la catequesis más directamente litúrgica**, y si es preciso, téngase previstas en los ritos mismos breves moniciones, que dirá el sacerdote u otro ministro competente, pero sólo en los momentos más oportunos, con palabras prescritas u otras semejantes.

4). **Foméntense las celebraciones sagradas de la Palabra de Dios** (paraliturgias) en las vísperas de las fiestas más solemnes, en algunas ferias de Adviento y Cuaresma y los domingos y días festivos, sobre todo en los lugares donde no haya sacerdotes, en cuyo caso debe dirigir la celebración un diácono u otro delegado por el Obispo. A estos actos o ceremonias religiosas se les ha venido llamando "paraliturgias", para distinguirlos de las "Acciones sacramentales", como p.ej. la eucaristía.

Lengua litúrgica

§ 1. Como el uso de la lengua vulgar es muy útil para el pueblo en no pocas ocasiones, tanto en la Misa como en la administración de los Sacramentos y en otras partes de la Liturgia, se le podrá dar mayor cabida, ante todo, en las lecturas y moniciones, en algunas oraciones y cantos, conforme a las normas que acerca de esta materia se establecen para cada caso en los capítulos siguientes.

§ 2. La traducción del texto latino a la lengua vernácula, que ha de usarse en la Liturgia, debe ser aprobada por la competente autoridad eclesiástica territorial antes mencionada.

E) *Normas para adaptar la Liturgia a la mentalidad y tradiciones de los pueblos*

La Iglesia no pretende imponer una rígida uniformidad en aquello que no afecta a la fe o al bien de toda la comunidad, ni siquiera en la Liturgia: por el contrario, respeta y promueve el genio y las cualidades peculiares de las distintas razas y pueblos. Estudia con simpatía y, si puede, conserva íntegro lo que en las costumbres de los pueblos encuentra que no esté indisolublemente vinculado a supersticiones y errores, y aun a veces lo acepta en la misma Liturgia, con tal que se pueda armonizar con el verdadero y auténtico espíritu litúrgico.

Al revisar los libros litúrgicos, salvada la unidad sustancial del rito romano, se admitirán variaciones y adaptaciones legítimas a los diversos grupos, regiones, pueblos, especialmente en las misiones, y se tendrá esto en cuenta oportunamente al establecer la estructura de los ritos y las rúbricas.

Corresponderá a la competente autoridad eclesiástica territorial, determinar estas adaptaciones dentro de los límites establecidos, sobre todo en lo tocante a la administración de los Sacramentos, de los sacramentales, procesiones, lengua litúrgica, música y arte sagrados, siempre de conformidad con las normas fundamentales contenidas en esta Constitución S.C.

FOMENTO DE LA VIDA LITÚRGICA EN DIÓCESIS Y PARROQUIAS

Vida litúrgica diocesana

El Obispo debe ser considerado como el gran sacerdote de su grey, de quien deriva y depende, en cierto modo, la vida en Cristo de sus fieles. Por eso, conviene que **todos tengan en gran aprecio la vida litúrgica de la diócesis en torno al Obispo**, sobre todo en la iglesia catedral

Vida litúrgica parroquial

Entre las comunidades de fieles sobresalen las parroquias, distribuidas localmente bajo un pastor que hace las veces del Obispo, ya que de alguna manera representan a la Iglesia visible. De aquí la necesidad de fomentar, teórica y prácticamente, entre los fieles y el clero la vida litúrgica parroquial y su relación con el Obispo. Hay que trabajar para que florezca el sentido comunitario parroquial, sobre todo en la celebración común de la Misa dominical.

FOMENTO DE LA ACCIÓN PASTORAL LITÚRGICA

Signo de Dios sobre nuestro tiempo

El celo por promover y reformar la sagrada Liturgia se considera, con razón, como un **signo de las disposiciones providenciales de Dios en nuestro tiempo**, como el

CAPÍTULO SÉPTIMO

EL SACROSANTO MISTERIO DE LA EUCARISTÍA

Misterio pascual

Nuestro Salvador, en la Última Cena, la noche que le traicionaban, instituyó el Sacrificio Eucarístico de su Cuerpo y Sangre, con lo cual iba a perpetuar por los siglos, hasta su vuelta, el Sacrificio de la Cruz y a confiar a su Esposa, la Iglesia, el Memorial de su Muerte y Resurrección: 1) **sacramento de piedad**, 2) **signo de unidad**, 3) **vínculo de caridad**, 4) **banquete pascual**, en el cual a) se come a Cristo, b) el alma se llena de gracia y c) se nos da una prenda de la gloria venidera.

---¡Que interesantes las cuatro cosas que se dicen de la Misa y las tres que se afirman de la Comunión!---

Participación activa de los fieles

Por tanto, la Iglesia, con solícito cuidado, procura que los cristianos no asistan a este misterio de fe como extraños y mudos espectadores, sino que **comprendiéndolo** bien a través de los ritos y oraciones, **participen conscientes, piadosa y activamente en la acción sagrada**, sean instruidos con la Palabra de Dios, se fortalezcan en la mesa del Cuerpo del Señor, den gracias a Dios, aprendan a ofrecerse a sí mismos al ofrecer la hostia inmaculada no sólo por manos del sacerdote, sino juntamente con él, se perfeccionen día a día por Cristo mediador en la unión con Dios y entre sí, para que, finalmente, Dios sea todo en todos.

---Lo de la necesaria participación "no como extraños y mudos espectadores, sino cual personas conscientes, piadosas y activas" parece ya como una obsesión de los padres capitulares que elaboraron la S.C. Y quiero resaltar: "que aprendamos a ofrecernos a nosotros mismos al ofrecer la hostia inmaculada juntamente con el sacerdote". ¡Muy, pero que muy importante!---

Por consiguiente, para que el sacrificio de la Misa, aun por la forma de los ritos, alcance plena eficacia pastoral, el sacrosanto Concilio, teniendo en cuenta las Misas que se celebran con asistencia del pueblo, especialmente los domingos y fiestas de precepto, decretó lo siguiente:

1) Revisión del Ordinario de la Misa

Revísese el Ordinario de la misa, de modo que se manifieste con mayor claridad el sentido propio de cada una de las partes y su mutua conexión y se haga más fácil **la piadosa y activa participación** de los fieles.

En consecuencia, simplifíquense los ritos, conservando con cuidado la sustancia; suprímanse aquellas cosas menos útiles que, con el correr del tiempo, se han duplicado o añadido; restablézcanse, en cambio, de acuerdo con la primitiva norma de los Santos Padres, algunas cosas que han desaparecido con el tiempo, según se estime conveniente o necesario.

2) Mayor riqueza bíblica en el misal

A fin de que la mesa de la Palabra de Dios se prepare con más abundancia para los fieles, ábranse con mayor amplitud los tesoros de la Biblia, de modo que, en un período determinado de años, se lean al pueblo las partes más significativas de la Sagrada Escritura.

---La Misa tiene dos mesas: la de la Palabra, que se proclama desde el ambón, y la del 'ofrecimiento de la acción de gracias', que tiene lugar desde el altar. Si uno pierde la Palabra, es inválida la Misa entera (antiguamente no se entendía así; y todavía hoy hay fieles, desgraciadamente, que se salen a echar un cigarrito durante la Homilía.

Para que la Misa tenga esa "mayor riqueza", actualmente los días de diario tiene un ciclo doble y los domingos, triple: A, B, C.

3) Se recomienda siempre la homilía; y domingos y días de precepto es obligatoria

Se recomienda encarecidamente, como parte de la misma Liturgia, la homilía, en la cual se exponen durante el ciclo del año litúrgico, a partir de los textos sagrados, los misterios de la fe y las normas de la vida cristiana. Más aún, en las Misas que se celebran los domingos y fiestas de precepto, con asistencia del pueblo, nunca se omita si no es por causa grave.

4) «Oración de los fieles u Oración universal»

Restablézcase la «oración común» o de los fieles después del Evangelio y la homilía, principalmente los domingos y fiestas de precepto, para que con la participación del pueblo se hagan súplicas por la santa Iglesia, por los gobernantes, por los que sufren cualquier necesidad, por todos los hombres y por la salvación del mundo entero.

---He aquí las peticiones indicadas, en las que se ve con claridad que los cristianos estamos comprometidos en la marcha del mundo y que nuestras peticiones deben ser siempre "universales", como Jesús nos enseñó en el Padre Nuestro al decirnos: "Padre nuestro…venga a nosotros…danos hoy… no nos dejes caer… y líbranos…---

5) Comunión bajo ambas especies

Se recomienda especialmente la participación más perfecta en la misa, la cual consiste en que los fieles, después de la comunión del sacerdote, reciban del mismo sacrificio el Cuerpo del Señor. Manteniendo firmes los principios dogmáticos declarados por el Concilio de Trento, **la comunión bajo ambas especies** puede concederse en los casos que la Sede Apostólica determine, tanto a los clérigos y religiosos como a los laicos, a juicio de los Obispos.

6) Unidad de la Misa

Las dos partes de que consta la Misa, a saber: la Liturgia de la Palabra y la Eucaristía, **están** tan íntimamente unidas que constituyen un solo acto de culto. Por esto el Sagrado Sínodo exhorta vehemente a los pastores de almas para que en la catequesis instruyan cuidadosamente a los fieles acerca de **la participación en toda la misa** (las dos partes o "mesas") sobre todo los domingos y fiestas de precepto.

7) Concelebración

La concelebración, en la cual se manifiesta apropiadamente la unidad del sacerdocio, se ha practicado hasta ahora en la Iglesia, tanto en Oriente como en Occidente. En consecuencia, el Concilio decidió ampliar la facultad de concelebrar... Sin embargo, quede siempre a salvo para cada sacerdote la facultad de celebrar la Misa individualmente, pero no al mismo tiempo ni en la misma Iglesia, ni el Jueves de la Cena del Señor. Elabórese el nuevo rito de la concelebración e inclúyase en el Pontifical y en el Misal Romano (el del sacerdote en el altar).

A) Démosle sentido a la Eucaristía:

1.- En la Misa Jesús se hace presente para ser comulgado y obedecido (= adorado).

2.- La misa es un banquete doble: de la Palabra y del Cuerpo de Cristo.

3.- La misa es el Memorial de la Pascua de Jesús (memoria que se hace actual).

4.- La misa es la celebración de la Nueva Alianza (nuevo y eterno pacto).

5.- La misa es el anticipo del Banquete de la Pascua eterna.

6.- La misa es sacramento (= signo eficaz) de la común-unión fraterna.

7.- La misa ha recibido muchos <u>nombres</u>: *cena del Señor, fracción del pan, eucaristía...*

8.- La misa es una alabanza a la <u>Trinidad</u>: con ella empieza y concluye (nos santiguamos y recibimos, al final la bendición del Padre, Hijo y Espíritu Santo).

9.- La misa es manantial de vida sobrenatural (alimento que la hace crecer) (Jn 6,53-56).

10- La misa nos hace crecer en la intimidad con Jesús.

11- La misa nos purifica de los pecados veniales.

12- La misa nos sostiene y alimenta la hermandad fraterna (Jn 17, 20-23).

13- Los frutos de la misa se obtienen según *la disposición de cada uno; su intensidad varía de acuerdo a nuestra <u>preparación</u>, <u>vivencia</u> y <u>prolongación</u>* durante el día.

B) Vivamos los signos presentes en la Eucaristía:

1.- El templo (casa de Dios; y sus imágenes: sagrario, cruz, María, santos, baptisterio... nos han de recordar ejemplos a imitar y motivos de acción de gracias)

2.- El altar (mesa donde se prepara la comida: Cristo).

3.- La Asamblea (la formamos todos los que estamos presentes), el Presidente (hace presente a Cristo), y los distintos colores de sus ornamentos (indican el tipo de celebración: blanco = por Cristo o María; rojo: = por un mártir; morado = por Cuaresma o un difunto...).

4.- El pan y el vino (son los dones que hemos recibido de Dios y, convertidos, en cuerpo y sangre de Jesús, los ofreceremos y con ellos nos ofrecemos nosotros; velas; flores...

C) Acciones, gestos y actitudes:

1.- Acudo vestido de fiesta y honestamente, no en zapatillas y chándal.

2.- Al entrar en el templo: me centro en lo que vengo a hacer; olvido lo que he dejado y lo que encontraré al salir. Me coloco lo más delante posible, nunca atrás.

3.- Importancia de "ir a la par con todos" con el cuerpo y el espíritu: posturas comunes: de pie, sentado, (de rodillas); contestar con todos; cantar con todos; no distraerme ni distraer a los otros. La misa es como un <u>concierto</u> = cada instrumento suena distinto pero todos tocan a la vez la misma pieza.

4.- Escuchar es más que "oír" y rezar es más que "repetir palabras sin "sentirlas".

5.- Lo que el Sacerdote dice en voz alta es en nombre tuyo (tú puedes repetirlo mentalmente).

6.- Los momentos de silencio son para expresarse cada uno, p.ej. el Sacerdote dice "Oremos" y yo oro; "Reconozcamos nuestros pecados" y yo los reconozco… Durante la comunión y después de ella es un tiempo de <Oración Personal> muy importante.

7.- Antes de marcharme, doy gracias y resumo en una frase lo que las lecturas o los cantos me han dicho para memorizarlo y "guardarlo en el corazón" durante toda la jornada o la semana, si no celebras diariamente.

D) Vivir cada momento de la misa: la Última cena; aclamación después de la consagración; ofrecemos el Cuerpo y Sangre de Jesús; intercesión por la Iglesia peregrina; pedimos a la Iglesia triunfante (María y los santos) para todos nosotros (no sólo para ti o tu familia…) la vida eterna; alabanza final de la Plegaria eucarística y gran Amén ("así es", me uno a todo lo que el Sacerdote ha hecho y dicho en mi nombre).- Rito de la Comunión (Padre Nuestro y "Líbranos"; **"Señor Jesucristo"** saludo de la Paz (¿cambiará de lugar?); fracción del pan y depósito en el cáliz/representación de que Jesús está resucitado y puede darnos vida; Cordero de Dios (inmolado por la salvación de todos los hombres); No soy digno, pero Tú quieres que te coma; sentido de la procesión de comunión; incluso los diálogos con el sacerdote; la oración final; y el Rito de despedida (bendición; ir en paz; beso al altar).

Los vamos a recordar a continuación más despacio:

E) SÍNTESIS-ESQUEMA DE LA EUCARISTÍA ACTUAL:

RITO DE ENTRADA (definición de "rito" y objetivo: serenarnos y centrarnos; purificarnos…) La eucaristía no es una Oración, es más: un Sacramento.

Piensa antes de venir o llegar: ¿A qué vienes, qué vas a hacer? ¿Cómo lo vas a hacer? ¿Para qué vienes? ¿A ofrecerla por un difunto? No es una **oración** de petición, sino un **sacramento** de acción de gracias (= darte o dar un regalo, porque no te puedes 'dar', y ese regalo al Padre no es nada menos que Jesús).

Los fieles en la Misa somos como una orquesta: cada instrumento (cada uno de nosotros) suena distinto, pero todos tocan la misma partitura a las órdenes del Director, que es el sacerdote celebrante; hay momentos de silencio (de 'solos' y momentos de 'canto coral' = todos debemos ir al unísono, p.ej. si es el momento de pedir perdón, tú pide también perdón, etc. Las diversas posturas tienen su porqué y debemos acostumbrarnos a respetarlas, no estar de rodillas cuando la asamblea está sentada. No hacer nada contra lógica, como hacen quienes cuando el sacerdote eleva la forma o el cáliz, ellos no los miran con los ojos y el corazón. No hables en el templo cuando todos los demás están en silencio; pero responde al cura cuando los otros lo hacen.

Oración 'Colecta': Acabado el himno del Gloria, cuando toca, el sacerdote dice "Oremos" (que en español es un imperativo, una orden); "y todos, junto con el sacerdote, oramos en silencio durante unos momentos". Esta Oración que llamamos "*Colecta*", porque es la recolección de la que los fieles y el sacerdote han hecho en silencio, concluye con una de estas tres terminaciones: 1) Si la oración se dirige al Padre: Por N.S.J, tu Hijo, que vive y reina contigo en la unidad del E.S. y es Dios por los siglos de los siglos. 2) si la oración se dirige al Padre, pero al final de ella se nombra al Hijo: Él, que vive y reina contigo, en la unidad del E.S. y es Dios por los siglos de los siglos. 3) Si la oración se dirige al Hijo: Tú que vives y reinas con el Padre en la unidad del E.S. y eres Dios por los siglos de los siglos.

LITURGIA DE LA PALABRA: Ni las lecturas, ni las peticiones deben dejarse a personas que no lean con corrección y pronuncien con unción. La 1ª lectura se lee desde el ambón (atril, mueble para sostener libros o papeles abiertos) y todos la escuchamos (>oír) sentados.- Al final de la lectura el lector dice: "Palabra de Dios" (sin añadir "es") y aclamamos: Te alabamos, Señor (= Aclamar es "dar voces de multitud en aplauso de alguno; en este caso el Dios de la palabra).- **El salmista** o cantor proclama el salmo que puede ser dividido en estrofas, y entrecortado con el estribillo de la Asamblea, o leído todo seguido sin estribillo de la Asamblea (proclamar significa: aclamar, publicar en voz alta).- Sigue el **Aleluya**, o en Cuaresma el canto antes del evangelio. En las eucaristías no-solemnes el sacerdote o diácono que va a leer el Evangelio dice en silencio: Purifica, Señor, mi corazón y mis labios, para que pueda anunciar dignamente tu santo Evangelio.- Al decir: Lectura del santo Evangelio según San…, contestamos: Gloria a ti, Señor. Y al terminar, él dice: Palabra del Señor; y nosotros: Gloria a ti, Señor Jesús (porque es la palabra de Jesús la que hemos escuchado).

¿Sabías que hay tres ciclos de lecturas A, B, C para los domingos, a fin de que en esos tres años podamos escuchar lo más importante de la Biblia; y sólo dos para las epístolas de los días de diario?

HOMILÍA: "Es obligatoria todos los domingos y fiestas de precepto y se recomienda en los restantes días". Homilía es la respuesta a la pregunta que cada fiel debe hacerse cuando escucha o lee la Palabra de Dios: ¿Qué me dice **a mí** hoy, aquí, en mi situación esta Palabra?: ¿qué me pide, me ofrece, me recuerda…?. Algunos la llaman "comentario a la palabra". Nunca debe convertirse en una sesión de Biblia, sino una provocación para el diálogo de cada uno con el Dios de la Palabra. Es parte integrante de la eucaristía, de modo que el hábito antiguo de salirse los varones a fumar un cigarro durante el tiempo del "sermón" (así le llamaban), está totalmente desterrado. La dificultad consiste en que el sacerdote que habla a muchos fieles al mismo tiempo, personas que no están todas en el mismo momento de vida, de desarrollo, etc. y que muchas veces no las conoce, es difícil que ayude a todas con sus palabras. De ahí que sea cada uno quien se tenga que hacer las preguntas y dar su personal respuesta fuera del templo, en la vida de cada día. Es recomendable que en los momentos de silencio, después de la comunión, resuma cada fiel, en una frase breve, lo que Dios le ha dicho, para llevarla en el corazón hasta la semana siguiente, como se dice de María: *guardaba todas estas cosas en su corazón*.

CREDO: sólo se recita los domingos y algunas fiestas. El Credo es el resumen de la fe de la Iglesia a lo largo de los siglos. Porque la fe, como la vida, va cambiando, no es estática, sino dinámica. Sería imposible vestirnos de adultos con la ropa de nuestra Primera Comunión. Pues igual de absurdo es que mantengamos la misma fe de aquellos momentos. Se dice en teología que los dogmas permanecen, pero su explicación se va desarrollando con el paso del tiempo, lo mismo que el trato asiduo con una persona engendra un conocimiento cada vez más profundo, más extenso y más matizado. El Credo más largo y algo difícil de entender es el llamado "niceno-constantinopolitano" y el más corto y más claro lo denominamos "de los Apóstoles".

PLEGARIA UNIVERSAL u **ORACIÓN DE LOS FIELES**: El sacerdote invita a los fieles a orar y concluye la oración. La sucesión de las intenciones ordinariamente debe ser:

a) por las necesidades de la Iglesia;

b) por los gobernantes y la salvación del mundo entero;

c) por aquellos que se encuentran en necesidades particulares;

d) por la 'comunidad' que está celebrando.

PRESENTACIÓN DEL PAN Y EL VINO. Terminada la Oración de los fieles nos desplazamos al altar. El sacerdote **presenta** el pan: "Bendito seas, Señor, Dios del universo, por este pan, futo de la tierra y del trabajo del hombre, que recibimos de tu generosidad y ahora te presentamos (no dice "te ofrecemos"); él será (después de la consagración) pan de vida.- Contestamos: Bendito (bendecido) seas por siempre, Señor.

En el vino se echan unas gotitas de agua, que significan nuestra colaboración con la redención de Cristo. Somos poca cosa, pero él ha querido esta colaboración. Como dice el sacerdote en silencio: *"El agua unida al vino sea signo de nuestra participación en la vida divina de quien ha querido compartir nuestra condición humana"*. Presenta el vino. E inclinado dice en silencio: "Acepta, Señor, nuestro corazón contrito y nuestro espíritu humilde; que éste sea hoy nuestro sacrificio y que sea agradable en tu presencia, Señor, Dios nuestro".

Si se lava las manos, dice: *"Lava del todo **mi** delito, Señor, limpia **mi** pecado"*.

Después puede usar una de estas tres fórmulas:

1) *Orad, hermanos, para que este sacrificio mío y vuestro, sea agradable a Dios, Padre todopoderoso"*. Observemos que somos 'hermanos' del Sacerdote, no siervos suyos; que el sacrificio es de él y nuestro; y que entre Dios y Padre hay una coma, equivale a: Dios, que es Padre todopoderoso ("para Dios nada hay imposible", palabras de la visita del ángel a María).- Desgraciadamente bastantes fieles no conocen más que estas palabras. Pero hay otras dos 'moniciones'.

2) *"En el momento de ofrecer el sacrificio de toda la Iglesia, oremos a Dios, Padre todopoderoso"* (Esta fórmula no es agraciada, porque puede llevar a la confusión de que el momento de la presentación del pan y el vino es el ofrecimiento).

3) *"Orad, hermanos, para que llevando al altar los gozos y las fatigas de cada día, nos dispongamos a ofrecer el sacrificio agradable a Dios, Padre todopoderoso"*. Muy importante, me parece, llevar al altar los gozos y fatigas de cada día ¿dónde mejor?, puesto que nosotros hemos de ser "ofrenda permanente" (Plegaria III)

La "Oración sobre el Pan y el vino" no termina con la doxología de la Colecta, sino con una de estas tres posibilidades: por Jesucristo, nuestro Señor; Él (el Hijo), que vive y reina por los siglos de los siglos; Tú (Cristo) que vives y reinas por los siglos de los siglos. El pueblo <u>aclama</u>: Amén.

COMIENZA LA PLEGARIA EUCARÍSTICA con el <u>breve diálogo</u>: –*El Señor esté con vosotros* –*Y con tu espíritu* (¿qué crees tú que sea el espíritu con minúscula?) –*<u>Levantemos</u> el corazón* (como ves, se involucra el cura) –*lo tenemos levantado al Señor* (¿qué queremos decir con esta respuesta? –*De<u>mos</u> gracias* (no dice: dad) –El pueblo responde: *Es justo y necesario. al Señor* (**el Padre**)... *Es justo y necesario... es <u>nuestro deber y salvación darte gracias</u>* **siempre** y **en todo lugar** (¿qué significan estas dos palabras?) ¿Qué agradecemos?: el regalo de Cristo, **nuestro Señor, (nosotros somos sus siervos)** ¿Cómo lo hacemos?: con el mejor 'presente' (regalo): su Hijo y en él cada uno de los oferentes/presentes... con los ángeles...cantamos sin cesar el himno de tu gloria.

Continúa con el Pre-facio (= palabra que indica lo previo a la acción de consagrar) y, después, ofreceremos al Padre Dios lo consagrado: el Cuerpo y la Sangre de su Hijo, entregados para la salvación de todos.

Casi todos los Prefacios empiezan así: "*En verdad es justo y necesario, es nuestro deber y salvación darte gracias, siempre y en todos lugar, Señor, Padre santo, Dios todopoderoso y eterno, por Cristo, Señor nuestro*"

Este "por Cristo, señor nuestro" se repite varias veces en las distintas Plegarias, veámoslo (necesitarás un buen Misal que traiga todas las Plegarias Eucarísticas, para que en él completes lo que yo sólo insinúo aquí):

★ **en la Plegaria I:** "tu Hijo, nuestro Señor..."; "Madre de Jesucristo, nuestro Dios y Señor". En la conmemoración de los santos: "Por Cristo, nuestro Señor". Amén. En el propio de: Natividad, Epifanía, Jueves santo, Vigilia pascual hasta 2º domingo de Pascua; Ascensión, Pentecostés: "...Madre de Jesucristo, nuestro Dios y Señor". En el Acepta, Señor: "Por Cristo, nuestro Señor. Amén". En la misa vespertina del Jueves Santo, vigilia pascua, bautismo, confirmación, primera comunión, matrimonio, exequias: "Jesucristo, nuestro Señor". En el "Por eso Padre": "Jesucristo, tu Hijo, nuestro Señor". En "Te pedimos humildemente": "Por Cristo, nuestro Señor. Amén". En la Conmemoración de los difuntos: "Por Cristo, nuestro Señor. Amén". Y al terminar "... y a nosotros pecadores" se dice: "Por Cristo, Señor nuestro, por quien sigues creando..."

* **en la Plegaria II**: "...la sangre de JC, nuestro Señor". En el "Acuérdate Señor": "Cristo ha sido constituido Señor del cielo y de la tierra".

* **en la Plegaria III**: "ya que por Jesús, tu Hijo, Señor nuestro". En De manera que sean: Hijo tuyo y Señor nuestro; en memento de difuntos: por Cristo, Señor nuestro, por quien concedes....; en "reúne en torno a ti...": Por Cristo, Señor nuestro; en "Recuerda a tu hijo/a difunto": Por Cristo, Señor nuestro; en "Recuerdo Propio de Algunas Solemnidades": en la Vigilia Pascual hasta 2º dom. de Pascua: "resurrección de Nuestro señor Jesucristo..."; en la Ascensión: "Señor del cielo y de la tierra"; en "Reúne en torno a ti...": por Cristo, Señor nuestro...

* **en la Plegaria IV**: En consagración: cuerpo y + sangre de Jesucristo, nuestro Señor; en "Acuérdate... de todo tu pueblo santo": te glorifiquemos por Cristo, Señor nuestro

* **en la Plegarias V/a, b, c, d**: en "Acuérdate también, Padre: por Cristo, Señor nuestro

* **en la Plegaria de la RECONCILIACIÓN I**: en "Muchas veces": por Jesucristo, tu Hijo, nuestro Señor, un pacto...;

* **en la Plegaria de la RECONCILIACIÓN II**: en el Prefacio: "por medio de Jesucristo, nuestro Señor"; en "Que este Espíritu, vínculo de amor": donde brille la plenitud de tu paz, por Cristo, Señor nuestro"

* **en la Plegarias de los NIÑOS I**: no sale la expresión

* **en la Plegaria de los NIÑOS II**: en "A ti, Dios Padre...: sean el cuerpo + y la sangre de Jesús, nuestro Señor; y en "Un día, reúnenos cerca de ti": a todos los amigos de Jesús, nuestro Señor,...

* **en la Plegaria de los NIÑOS III**: ninguna vez sale la expresión.

Intercalo cuatro avisos:

1) La procesión de la comunión es muy importante: representa la vida: somos peregrinos todos, que desde nuestro 'sitio' caminamos al encuentro del Señor que viene a ti. "De lo que se come se cría" y lo que como es nada menos que "la Palabra y el Cuerpo de Dios".-

2) Dios está en la vida: la tuya personal y la de la colectividad. Atento a las alegrías y las tristezas ('muertes' y 'resurrecciones', porque ahí también te está hablando Dios). Si vivimos la vida con ojos abiertos, escucharemos a Dios.

3) Si un trozo de la Palabra de Dios no te dice nada, es que no ha llegado el momento de que lo cumplas. No busques entender la palabra para cumplirla, cúmplela y luego la entenderás.- Recuerda siempre esta expresión: "Ya sí, pero todavía no" (importancia de los "pero").

4) La Palabra bíblica y la litúrgica son palabras humanas, que hay que interpretar (Recordarás salmos y expresiones en los que 'Dios odia, tiene ira...' ¿verdad?)

ALGUNAS APORTACIONES PARA QUE AMPLÍES TUS CONOCIMIENTOS:

1. **Celebración**: importante que vayas a la eucaristía con la actitud de "celebrar". No es una carga ni una obligación. Es una fiesta. ¿Qué se celebra?: no tus triunfos, sino el triunfo de Cristo sobre el pecado y la muerte.

2. **Acción de gracias**: Este es el significado de la palabra "Eucaristía".

3. **Ofrendas**: ¿qué se ofrece? ¿quién lo ofrece? ¿para quién es la ofrenda?: el pan y el vino consagrados, la limosna, y tu propia vida como "ofrenda permanente".

No tengas prisa: ¡¡Qué pena que algunos tengamos tanta prisa en terminar, cuando a la TV y otras cosas le dedicamos tanto tiempo.- Pérdida del sentido del 'Domingo' (día del Señor).- Lo malo de entrar al templo hablando y salir hablando.- ¿Has pensado estas tres cosas?

Quinteto de la buena celebración: 1. Llego al templo con las lecturas del día leídas y antes de que salga el cura: 2. Hago todos los diálogos desde el corazón. 3. Me pongo donde vea y oiga mejor. 4. Oro, cuando me dicen "oremos". 5. Escucho la Palabra con el corazón y respondiendo a la Pregunta ¿qué **me** dice el Señor?

PALABRAS (CLAVES) A DESENTRAÑAR POR TI:

Sacramento/s: el Sacramento de nuestra fe; (no es una devoción, ni un acto de piedad; es un signo que produce lo que significa: que Cristo se entrega por todos).

Misterio/s (= hechos de la vida de Cristo, no palabras).

Cena/banquete (doble Mesa donde preparamos a Jesucristo que vamos a comer/comulgar).

Dios (Padre, Hijo, E.S). (= uso de la palabra 'Señor') –

Sacerdote (Presbítero) (su papel) –

Sacerdocio de los fieles ¿Qué es eso? –

Pueblo de Dios/asamblea –

Gloria - ¿Para Dios o para nosotros?: los dos damos y recibimos –

Significado profundo de "culto", explicado ya –

Precepto/mandamiento –

Memoria/memorial/ Conmemoración –

Proclamar –

Homilía personal: el sacerdote habla para todos, pero cada uno debe hacerse su propia homilía: ¿Qué me pide o me da la Palabra hoy, en mis circunstancias? --

Posible traslado de lugar del signo de la paz, para que no nos distraiga en el momento de la comunión, como ahora suele ocurrir –

Procesiones: Son tres: de <u>entrada</u> (llegada del sacerdote al altar), de <u>presentación</u> de las ofrendas (el pan y el vino, alimentos para los pobres y dinero para los gastos del templo y la atención a los pobres), y procesión para <u>comunión</u>. La salida no la hacemos todos al mismo tiempo, porque algunos se quedan dando gracias al Señor.

Oraciones: tres, que son: Colecta (la 1ª); sobre el pan y el vino (la 2ª); y después de la comunión (la 3ª)

Las dos mesas: son la de la Palabra y la de la comunión. **Los ciclos litúrgicos** (dos para las misas de diario, en los que sólo cambia la Epístola; y tres en los domingos y solemnidades, en los cuales cambian las tres lecturas); los **colores** litúrgicos: blanco, rojo, verde, morado; y azul el día de la Inmaculada- Las **posturas** (de pie, sentado, de rodillas).- Los "solos" = los momentos en los que los fieles oramos en silencio.- El **silencio** y la escucha.

¿Cuántas veces aparece en la Eucaristía la petición de la paz? ¿Y la de la unidad? ¿Y el "Señor, ten piedad"?... a ver si tú eres capaz de buscarlo. Te ayudo:

En LA PLEG. I: para que le concedas la paz a tu Iglesia; en "Acepta, Señor, en tu bondad": ordena en tu paz nuestros días; en las Misas del J. Santo y Vigilia Pascual; en la Conmemoración de los difuntos:

Concédeles el lugar del consuelo, de la luz y de la paz. + en rito de comunión: en "Líbranos de todos los males: 'concédenos la paz en nuestros días'; en "Señor JC que dijiste": 'La paz os dejo mi paz os doy... concédele a tu Iglesia la paz y la unidad'; en "La paz del Señor esté siempre con vosotros'; en "Daos fraternalmente la paz"; en "Cristo que nos ha hecho hermanos con su cruz, daos la paz---"; en "Cordero de Dios... danos la paz"; y en rito de conclusión: podéis ir en paz (en las 5 fórmulas); en la bendición solemne de Navidad: en la 3ª: os conceda la paz a vosotros, amados del Señor...;

En la PLEGARIA II: La paz de Dios, que sobrepasa todo juicio;

En la PLEGARIA III: os muestre el camino del amor y de la paz;

En la PLEGARIA IV: disponga vuestros días en la paz;

TE INVITO A QUE VEAS TÚ MISMO LA RIQUEZA DEL MISAL ROMANO (el que usa el sacerdote en el altar)**:** Sería muy bueno que pudieras ver, al menos el Índice en la sacristía o en una clase de Religión, para que te convencieras de la variedad (riqueza) que tiene, ya que algunos curas no lo hacemos ver a los fieles, sino que siempre repetimos lo mismo. Si bien, el mucho variar puede perjudicar la devoción. Todo en esta vida tiene cara y cruz.

Y A QUE SIGAS PREGUNTÁNDOTE:

¿El Padre Nuestro es sólo una oración?: es también un programa de acción

Cuando en el P.N. decimos "Padre" ¿a quién nos referimos? Y al decir "Padre nuestro" ¿de quién me siento hermano?

La expresión "nuestro Señor" ¿qué me dice? Si él es "Señor" soy yo su siervo?

"He pecado mucho de pensamiento, palabra, obra y omisión" ¿Ya sabes lo que significa "omisión"? ¿Estamos hablando de cuatro escalones o no tiene nada que ver uno con otro? ¿Poseen una raíz común? ¿Cuál?

"Ruego a vosotros, hermanos, que intercedáis por mí" ¿qué es "interceder"? ¿tú intercedes por los otros en ese momento? ¿te fías de la intercesión de los otros?

"Dios todopoderoso" ¿qué quiere decir eso? ¿Que puede hacer todo lo que le dé la gana, como los ricachones de este mundo? ¿El poder de Dios es igual que el poder de los 'poderosos' de aquí? ¿De qué otra manera expresarías tú esta palabra?

¿Sabes de dónde viene **la palabra "misericordia**?: Viene de miser − cor = un corazón cercano (y no alejado) del que está en la miseria.

¿En qué consiste el "perdón de los pecados? ¿has oído hablar de culpa y pena? (¿qué valor tiene la Eucaristía para perdonar? ¿sólo perdona los pecados veniales, que también se perdonan de otras maneras, como decía el Catecismo antiguo?)

¿Qué idea tienes de la Vida Eterna? ¿cómo te la imaginas? ¿qué haremos allí? ¿Es un lugar?

"Antes de celebrar **los sagrados misterios**? ¿qué es un misterio? ¿cuántos y cuáles son "los misterios" que celebramos en cada eucaristía? ¿nacimiento, vida, muerte, resurrección, ascensión…?

¿Transformación del pan y vino en cuerpo y sangre?...¿sólo comulgamos el cuerpo?

¿Por qué el cura nos dice **"hermanos, antes de celebrar los sagrados misterios, reconozcamos nuestros pecados…"**

Pero ¿qué es un pecado? ¿todos son iguales?: ¿Hay veniales y mortales?… Requisitos para cometerlos

¿Qué es eso de: "Señor, hemos pecado contra ti"

¿Qué significa "Dios todopoderoso tenga misericordia de nosotros, perdone nuestros pecados y nos lleve a "la vida eterna"? ¿es lo mismo que "la salvación"? ¿qué tengo que hacer yo para que Dios me perdone?: ¿Sólo pedirlo de corazón como el buen ladrón? ¿nada más?

"Señor (Cristo), ten piedad ¿qué es la piedad?: significa varias cosas: compasión / sentimiento de filiación (ser hijo de Dios); y en "actos (obras) de piedad" = devociones; y en otras ocasiones significa "compasión, p.ej. con un herido o un pobre (apiadarse de)

¿Conoces el significado de los verbos que aparecen en el Gloria largo?:

¿Y "paz a los hombres que ama el Señor: son todos los hombres o no?: ¿paz interna y externa, que viene de la seguridad de su amor, de su perdón (¿quien ama perdona y al revés?) Se cambió la traducción. En mi infancia decía: *a los hombres que (ellos) aman al Señor.* Una señal más de cómo la Iglesia evoluciona y no me puedo quedar en "siempre se ha hecho así".

Te alabamos ¿qué es alabar?

Te bendecimos ¿Nosotros podemos bendecir al Señor?

Te adoramos ¿Y qué es adorar yo al Señor?

Te glorificamos ¿le damos gloria nosotros? ¿se la quitamos?...

Te damos gracias. Esto puede que sea más fácil, pero todavía es más frecuente pedirle que darle gracias. Sigue tú el resto del Gloria.

Señor Dios, <u>Rey</u> celestial. En España tenemos Rey, ¿pero Jesús es otra categoría de Rey... o no?)

Contestamos a la Palabra en la Epístola y el Evangelio: Te alabamos, Señor; Gloria a ti, Señor. Y cuando el Sacerdote nos dice: "El Señor esté con vosotros", contestamos "Y con tu espíritu" (= contigo). ¿Te salen del corazón estas palabras cuando las pronuncias?

CREDO (largo y corto); ¿Cuál crees la razón de ser este "resumen de nuestra fe"

Bendito seas (por siempre), Señor.- El será para nosotros "pan de vida"... "bebida de salvación"

Orad, hermanos, para que este SACRIFICIO, mío y vuestro, sea agradable a… reciba de tus manos este sacrificio para alabanza y gloria de su Nombre, para nuestro bien y el de toda su santa Iglesia ¿y los que no pertenecen a la Iglesia?

PREGUNTAS PARA PENSAR Y CONTESTARTE CON SINCERIDAD:

¿A qué vas al templo? ¿Cómo? ¿Por qué? ¿Para qué?: ¿Sabías que en cada Misa pedimos a los del cielo por los vivos y los muertos?

¿Qué es para ti la eucaristía y qué buscas en ella?

¿Celebras cada una como si fuera la primera o la última?.- ¿Te ayuda a abandonar los vicios aprendidos de pequeño, cuando ibas sin entender nada y te dedicabas a mirar el techo y la gente?

¿Qué sabes tú del significado del templo, la asamblea y el presidente?.- ¿Y del valor del altar, por su significado; las reliquias que contiene… o el ambón?

Los ritos (gestos y palabras) ¿qué significado tienen para ti? Enumera los que entiendes ya y los que todavía no. ¿Y las posturas, golpes de pecho, dar la

Las gracias las damos, siempre, al Padre; y, generalmente, por Cristo, Señor nuestro; sin embargo, hay otros motivos también.

El Prefacio concluye con una referencia a los ángeles y arcángeles, a los que nos unimos en el <Santo>, canto de la gloria del Padre, y de la alabanza (Hijo-E.S.)…

CAPÍTULO OCTAVO

LAS PLEGARIAS EUCARÍSTICAS:

No olvides que debes tener en tus manos un misal para seguir lo que te digo:

PLEG. I ª– Canon romano

Comienza pidiendo al Padre, por Jesucristo, su Hijo, nuestro Señor, que acepte y bendiga estos dones, este sacrificio santo y puro que te ofrecemos (el de Xto), ante todo, por tu Iglesia… Viene luego la conmemoración por los vivos: "Acuérdate de todos los aquí reunidos, cuya fe y entrega bien conoces" (¿siempre estamos con fe y entrega?)… te ofrecemos y ellos mismos te ofrecen este <SACRIFICIO DE ALABANZA> (así se nombra la eucaristía en muchas oraciones).- Reunidos en común-unión, veneramos la memoria, ante todo, de… María, S. José, apóstoles y mártires… por sus méritos y oraciones concédenos en todo tu protección por C.N.S.

Epíclesis: Bendice y acepta, oh Padre, esta **ofrenda**… para que sea cuerpo y sangre…..tomó pan…dándote gracias y bendiciendo… tomó este cáliz…dándote gracias y bendiciendo… haced esto EN CONMEMORACIÓN MÍA (¿qué significa esta palabra?.-

Aclamación: Este es el Sacramento de nuestra fe o el misterio de nuestra fe. Y las tres respuestas: Anunciamos tu muerte…Cada vez que comemos… Por tu cruz… ¿Conviene usarlas todos los días o según el tiempo?

Memorial y Ofrenda: Por eso, Señor, nosotros, tus siervos y todo tu pueblo santo, AL CELEBRAR ESTE MEMORIAL (= no es un simple recuerdo, sino una actualización del sacrificio de Cristo: la pasión, muerte, resurrección, ascensión) (los misterios= hechos históricos salvíficos)... te ofrecemos el SACRIFICIO PURO, INMACULADO Y SANTO... pan de vida eterna y cáliz de eterna salvación...Mira con ojos de bondad esta ofrenda y acéptala... Te pedimos humildemente... para que cuantos recibimos el cuerpo y la sangre de tu Hijo al participar aquí de este altar, bendecidos con tu gracia (ahora es Él quien nos bendice)...

Conmemoración de los difuntos: (la Iglesia tiene como tres tipos de miembros: los peregrinante (los que estamos aún en la tierra), purgantes (los que están terminando de purgarse) y celestiales (los que ya gozan del cara a cara con Dios, uno y trino)... a ellos y a cuantos descansan en Cristo concédeles el lugar del consuelo, de la luz y de la paz. Por C.N.S. (otra Plegaria dice otra cosa, porque aquí ya están salvados; pero ¿se referirá a vivos aún?)...

Viene luego la intercesión por los presentes: Y a nosotros, pecadores (acusación), que confiamos en tu misericordia admítenos en la asamblea de los santos.... ¡¡¡Muy importante: "acéptanos en su compañía (de los santos), **no por nuestros méritos, sino conforme a tu bondad"**... Por él (Xto) sigues creando todos los bienes, los santificas, los llenas de vida, los bendices y los repartes (los bienes) entre nosotros!!!.

Doxología: otra vez más: "A ti, Dios, Padre... en la unidad del E.S. todo honor y toda gloria por los siglos... **Amén.** La palabra santos tiene tres significados: a veces se usa para los creyentes que todavía vivimos en la tierra; otras veces, para los que ya gozan del cielo; y otras, para los Canonizados (los que están oficialmente declarados Santos, p.ej. San José de Calasanz, Santa Margarita...)

II PLEGARIA (tiene un Prefacio propio, pero puede decirse otro, "especialmente aquellos que presentan una breve síntesis del misterio de la salvación).-

Comienza: "Santo eres en verdad, fuente de toda santidad.- El cual (JC) cuando iba a ser entregado a su pasión, voluntariamente aceptada, tomó pan… tomó el cáliz, y, dándote gracias de nuevo…- Al celebrar ahora el memorial de la muerte y resurrección de tu hijo, te ofrecemos el pan de vida y el cáliz de salvación (muy parecido a la Pleg. I) y te damos gracias porque nos haces dignos de servirte en tu presencia.

Memento de vivos: Acuérdate de tu Iglesia extendida por toda la tierra (y reunida aquí en el domingo…)… llévala a su perfección por la caridad (¿de ella?) (Hay "Acuérdate propio de algunas solemnidades e Intercesiones particulares)

Memento de difuntos: Acuérdate también de nuestros hermanos (No sale en todos los Prefacios la palabra "hermanos: en la I dice "tus hijos"; en la III: hermanos; en la IV: los que murieron en la paz de Cristo y de todos los difuntos, cuya fe sólo tú conociste").

Es importante comparar esto, para ver si pedimos sólo por los creyentes o por todos.- Y ese: "y de todos los que han muerto ¿en tu misericordia?.- "Ten misericordia de todos nosotros (¿los presentes o la Iglesia entera?)… merezcamos, por tu Hijo JC (y no por nuestros méritos) compartir la vida eterna y cantar tus alabanzas".- Por Cristo, con él y en Él, a ti, Dios Padre… en la unidad del E.S.

III PLEGARIA: Santo eres en verdad, Padre, y con razón te alaban todas tus creaturas (¿también las irracionales?)… JC, **tu Hijo, Señor nuestro,** con la fuerza del E.S., das vida y santificas todo y congregas… un sacrificio sin mancha desde…- que santifiques por el mismo E.S. estos dones (en la II: santifique estos dones con la efusión de tu Espíritu; **en la I:** Bendice y santifica, oh Padre, esta ofrenda, haciéndola perfecta…).

IV PLEGARIA: "Por eso, Padre, te rogamos que este mismo Espíritu santifique estas ofrendas";

V PLEGARIAS: a,b,c,d: "Te rogamos, pues, Padre todopoderoso, que envíes tu Espíritu sobre este pan y este vino";

PLEGARIA Reconciliación I: "Oh Dios, que desde el comienzo del mundo haces cuanto nos conviene, para que seamos santos como tú mismo eres santo, mira a tu pueblo aquí reunido y derrama la fuerza de tu Espíritu de manera que estos dones sean para nosotros Cuerpo y Sangre…;

PLEGARIA Reconciliación II: "celebrando este misterio de reconciliación, te rogamos que santifiques con el rocío de tu Espíritu estos dones, para que sean el Cuerpo y la Sangre de tu Hijo, mientras cumplimos su mandato";

PLEGARIA Niños I: "Padre santo, para mostrarte nuestro agradecimiento, hemos traído este pan y este vino; haz que, por la fuerza de tu Espíritu, sean para nosotros el Cuerpo y la Sangre de Jesucristo, tu Hijo resucitado. Así podremos ofrecerte, Padre santo, lo que tú mismo nos regalas";

PLEGARIA Niños II: "A ti, Dios Padre nuestro, te pedimos que nos envíes tu Espíritu, para que este pan y este vino sean el Cuerpo y la Sangre de Jesús, nuestro Señor. El mismo Jesús, poco antes de morir, nos dio la prueba de tu amor. Cuando estaba sentado a la mesa con sus discípulos, tomó el pan…;

PLEGARIA Niños III: "Él nos reúne…"

Rito de comunión, el mismo para todas las Plegarias: "Nos atrevemos a decir" (no vemos que venga su reino, sino lo contrario, pero lo creemos-esperamos). Nos comprometemos a: sentir a Dios, como Padre; a todos como hermanos: creyentes y ateos o paganos; a dejar que reine en mí; a hacer –yo- su voluntad y que en toda la tierra se cumpla 'como en cielo'; centrarnos en el Hoy (a cada día le basta su ocupación) no pedir para almacenar; NOSOTROS TAMBIÉN PERDONAMOS, COMO HEMOS SIDO PERDONADOS; no pedimos que nos quite las tentaciones, sino que no nos deje caer; y nos libre de los males verdaderos (porque a veces llamamos mal a lo que no es: ¿Jeremía dice: *ay del que al mal llama bien y al bien le llama mal?*.- **Se amplía esta última petición** en el "Líbranos"… la paz, para que, AYUDADOS por tu misericordia… siempre libres de pecado (porque no caemos y, si caemos, vamos a confesar inmediatamente) y protegidos de toda verdadera tribulación (no el dolor, límites, fracasos, que los tuvo Jesús); mientras esperamos *activamente* la gloriosa venida de nuestro único SALVADOR, JESUCRISTO "Tuyo es el reino, tuyo es el poder y la gloria por siempre, SEÑOR" (mi reino no es de este mundo; os doy mi paz, no como la da el mundo; ¿cuántas veces aparece la palabra "Señor" en cada Plegaria?; Nunca se refiere al E.S., el 'ignorado'. Toda la misa va dedicada al Padre; y una sola oración a Jesús, aquélla en la que pedimos la paz y unidad para "su" Iglesia)

Rito de la paz: Señor Jesucristo… **mi** paz os dejo (no como la da el mundo): es una oración por su Iglesia pidiendo para ella paz y unidad… Tú que vives (no quedó en la cruz) y reinas (ojo con la palabra) por los siglos… (antes de Belén, durante y después).- *La paz del Señor* (no la del mundo) sea siempre (aquí y después) con vosotros (los presentes).- Y con tu espíritu.- Daos fraternalmente la paz.

Fracción del pan: es muy importante que demos el valor que tiene al hecho de que el sacerdote parta un trocito del pan consagrado y lo deposite en el vino consagrado. Con ello está haciéndonos ver que el Dios-Jesús que vamos a comulgar está vivo, no muerto.

Cordero de Dios (¿por qué le llamamos así?)… danos LA PAZ (¿cuántas veces sale esta palabra?: SIETE en este tramo.-

A continuación el cura nos MUESTRA la hostia, para que la miremos, no para cerrar los ojos o bajar la cabeza: *Este es el Cordero de Dios que quita el pecado del mundo* (si nos lo dejamos quitar).

---Recuerda que en la FE todo es obra de dos: Dios que se adelanta y el fiel que libremente le corresponde; cosa, pues, de Él y nosotros).- … dichosos los llamados a este *cena (_"llamados" tiene resonancia vocacional)_*; es la "cena pascual" de Jesús con sus Apóstoles, aunque nosotros la actualicemos a cualquier hora, porque estamos viviendo (actualizando) la cena de su última Pascua (= la palabra <pascua> tiene dos significados: 1) "golpe de autoridad" por el que el pueblo de Israel quedó liberado de la esclavitud de Egipto; 2), y "paso de la muerte a la vida". No olvidemos las palabras de Cristo: *"_haced_ esto en memoria mía")*.

Señor, no soy digno, pero como Tú eres "el Señor" te dejo hacer; como MARÍA, que sin entender la propuesta, dijo el "sí", llena de confianza −creyó−, se abandonó *("si tuvierais fe como un granito de mostaza…").*

El "Amén" de la comunión (son dos los significados de "Amén": así es y así sea; cuando recibo la comunión tiene el primero: creo que es Cristo, aunque veo pan; que es el cuerpo y la sangre, aunque sólo comulgo el pan).

Después de recibir al Señor es el momento para hacer mi más lago "solo":toda la Asamblea es como una orquesta, por eso las posturas y diálogos y órdenes (p.ej. "reconozcamos los pecados, levantemos el corazón, demos gracias, podemos ir en paz… **hay que ejecutarlos).** Los cantores deben permanecer callados; y yo doy gracias y escucho internamente lo que el Señor me ha dicho desde que entré en el templo y al volver de la comunión; lo resumo en una frase, que rumiaré en mi corazón, como María que "guardaba todas estas cosas en su corazón" (no en su memoria) y la repetiré durante toda la semana, hasta el próximo domingo ¿Qué me ha dado el Señor: confianza, paz, ímpetu apostólico…? ¿Qué me ha pedido? ¿Cuál es mi respuesta/obras?

CAPÍTULO NOVENO

DE LOS SACRAMENTOS, SACRAMENTALES Y EL OFICIO DIVINO

Sacramentos (cap° 3° de la SC)

Los sacramentos **están ordenados a la santificación de los hombres**, a la edificación del Cuerpo de Cristo y, en definitiva, **a dar culto a Dios**; pero, en cuanto signos, también tienen un fin pedagógico. No sólo suponen la fe, sino que, a la vez, la alimentan, la robustecen y la expresan por medio de palabras y de cosas; por esto se llaman "sacramentos de la fe". Confieren ciertamente la gracia, pero también su celebración **prepara a los fieles para recibir fructuosamente la misma gracia, rendir el culto a Dios y practicar la caridad.**

Por consiguiente, es de suma importancia que los fieles comprendan fácilmente los signos sacramentales y reciban con la mayor frecuencia posible aquellos sacramentos que han sido instituidos para alimentar la vida cristiana. (SC n° 59)

---Es tan importante lo que se dice en este punto que no tengo nada que añadir, si no es mi deseo de que se cumpla en todos nosotros---

Sacramentales

La santa madre Iglesia instituyó, además, los sacramentales. Estos **son signos sagrados creados según el modelo de los sacramentos**, por medio de los cuales se expresan efectos, sobre todo de carácter espiritual, obtenidos por la intercesión de la Iglesia. Por ellos, los

110

hombres se disponen a recibir el efecto principal de los sacramentos y <u>se santifican las diversas circunstancias de la vida</u>. (SC n° 60)

Sacramentales son: las Bendiciones de personas, de la mesa, de objetos y lugares. El *Catecismo de la Iglesia Católica* dice: Toda bendición es alabanza de Dios y oración para obtener sus dones. En Cristo los cristianos son bendecidos por Dios Padre "con toda clase de bendiciones espirituales (Ef 1, 3). Por eso la Iglesia da la bendición invocando el nombre de Jesús y haciendo habitualmente la señal santa de la cruz de Cristo (n° 1671). Y en el n° 1078 leemos: "Bendecir es una acción divina que da la vida y cuya fuente es a la vez palabra y don (*bene-dictio* = bien dicho). Sin embargo esta palabra, aplicada al hombre (p.ej. "Te bendigo, Señor, por tal cosa…) significa la adoración y la entrega a su Creador en la acción de gracias".

Relación de los Sacramentos y Sacramentales con el misterio pascual

a) Revisión de los <u>sacramentales</u>

Revísense los Sacramentales teniendo en cuenta la norma fundamental de la **participación consciente, activa y fácil** de los fieles, y atendiendo a las necesidades de nuestros tiempos. En la revisión de los Rituales, a tenor del artículo 63, **se pueden añadir también nuevos sacramentales**, según lo pida la necesidad.

Sean muy pocas las bendiciones reservadas y sólo en favor de los Obispos u Ordinarios. Provéase para que ciertos **sacramentales**, al menos en circunstancias particulares, y a juicio del Ordinario, puedan ser administrados por laicos que tengan las cualidades convenientes. (SC n° 79)

El n° 80 de la SC habla de otros sacramentales: *la Consagración de vírgenes, la profesión religiosa, renovación de votos:* Revísese el rito de la consagración de Vírgenes que forma parte del Pontifical romano. Redáctese, además, un rito de profesión religiosa y de renovación de votos que contribuya a una mayor unidad, sobriedad y dignidad, con obligación de ser adoptado por aquellos que realizan la profesión o renovación de votos dentro de la Misa, salvo derecho particular. Es laudable que se haga la profesión religiosa dentro de la Misa.

Y los nn. 81 y 82 incluyen entre los sacramentales: el *Rito de las exequias y de la sepultura de niños:* el primero debe expresar más claramente el sentido pascual de la muerte cristiana y responder mejor a las circunstancias y tradiciones de cada país, aun en lo referente al color litúrgico. Y el segundo, de revisar el rito de la sepultura de niños, dotándolo de una Misa propia.

EL OFICIO DIVINO (cap° IV de la SC)

Aunque ya hemos hablado del Oficio divino, te resumo lo que se dice de él en la SC:

1) Obra de Cristo y de la Iglesia

Cristo Jesús, al tomar la naturaleza humana, introdujo en este exilio terrestre aquel himno que se canta perpetuamente en las moradas celestiales. Él mismo une a Sí la comunidad entera de los hombres y la asocia al canto de este **divino himno de alabanza.**

Porque esta función sacerdotal se prolonga a través de su Iglesia, que, sin cesar, alaba al Señor e intercede por la salvación de todo el mundo no sólo celebrando la Eucaristía, sino también de otras maneras, principalmente recitando el Oficio divino. (SC n° 83)

Por una antigua tradición cristiana, el Oficio divino está estructurado de tal manera que **la alabanza de Dios consagra el curso entero del día y de la noche**, y cuando los sacerdotes y todos aquellos que han sido destinados a esta función por institución de la Iglesia cumplen debidamente ese admirable cántico de alabanza, o cuando los fieles oran junto con el sacerdote en la forma establecida, entonces es en verdad la voz de la misma Esposa (la Iglesia) que habla al Esposo (Jesucristo); más aún, es la oración de Cristo, con su Cuerpo, al Padre. (SC n° 84)

2) Obligación y altísimo honor

Por tanto, todos aquellos que ejercen esta función, por una parte, cumplen la obligación de la Iglesia, y por otra, participan del altísimo honor de la Esposa de Cristo, ya que, mientras alaban a Dios, están ante su trono en nombre de la madre Iglesia. (SC n° 85)

3) Valor pastoral del Oficio Divino

Los sacerdotes dedicados al sagrado ministerio pastoral rezarán con tanto mayor fervor las alabanzas de las Horas cuanto más vivamente estén convencidos de que deben observar la amonestación de San Pablo: «Orad sin interrupción» (*1ª Tes.*, 5,17); pues sólo el Señor puede dar eficacia y crecimiento a la obra en que trabajan, según dijo: «Sin Mí, no podéis hacer nada» (*Jn*, 15,5); por esta razón los Apóstoles, al constituir diáconos, dijeron: «Así nosotros nos dedicaremos de lleno a la oración y al ministerio de la palabra» (*Hech*, 6,4). (SC n° 86)

4) El Oficio Divino es Fuente de piedad

El Oficio Divino, en cuanto oración pública de la Iglesia, es, además, **fuente de piedad y alimento de la oración personal**. Por eso se exhorta en el Señor a los sacerdotes y a cuantos participan en dicho Oficio, que **al rezarlo, la mente concuerde con la voz; y para conseguirlo mejor adquieran una instrucción litúrgica y bíblica más rica, principalmente acerca de los salmos.**

---Muy interesante y útil resulta este párrafo. Tengamos en cuenta que <piedad> significa: *"virtud que inspira, por el amor a Dios, tierna DEVOCIÓN a las cosas santas; y por el amor al prójimo, ACTOS de amor y compasión"* (= padecer con quien padece)---

Al realizar la reforma, adáptese el tesoro venerable del Oficio Romano de manera que puedan disfrutar de él con mayor amplitud y facilidad todos aquéllos a quienes se les confía. (SC n° 90)

5) Distribución de los salmos en cuatro semanas

Para que pueda realmente observarse el curso de las Horas, propuesto en el artículo 89, distribúyanse los salmos no en una semana, sino en un período de tiempo más largo.

El trabajo de revisión del Salterio, felizmente emprendido, llévese a término cuanto antes. (SC n° 91)

6) Ordenación de las lecturas

En cuanto a las lecturas, obsérvese lo siguiente:

a) Ordénense las lecturas de la Sagrada Escritura de modo que los tesoros de la palabra divina sean accesibles, con mayor facilidad y plenitud.

b) Estén mejor seleccionadas las lecturas tomadas de los Padres, Doctores y Escritores eclesiásticos.

c) Devuélvase su verdad histórica a las pasiones o vidas de los santos. (SC 92)

7) Revisión de los himnos

Restitúyase a los himnos, en cuanto sea conveniente, la forma primitiva, quitando o cambiando lo que tiene sabor mitológico o es menos conforme a la piedad cristiana. Según la conveniencia, introdúzcanse también otros que se encuentran en el rico repertorio de himnos. (SC 93)

8) Oración pública de la Iglesia

Los miembros de cualquier Instituto de estado de perfección que, en virtud de las Constituciones, rezan alguna parte del Oficio Divino, hacen oración pública de la Iglesia. Asimismo hacen oración pública de la Iglesia si rezan, en virtud de las Constituciones, algún Oficio parvo, con tal que esté estructurado a la manera del Oficio divino y debidamente aprobado. (SC n° 98)

EL AÑO LITÚRGICO Y LA REVALORIZACIÓN DEL DOMINGO

A) Sentido del año litúrgico

La santa madre Iglesia considera deber suyo celebrar con un sagrado recuerdo en días determinados a través del año la obra salvífica de su divino Esposo. Cada semana, en el día que se llamó «del Señor», conmemora su Resurrección, que una vez al año celebra también, junto con su santa Pasión, en la máxima solemnidad de la Pascua.

Además, en **el círculo del año desarrolla todo el misterio de Cristo**, desde la Encarnación y la Navidad hasta la Ascensión, Pentecostés y la expectativa de la gozosa esperanza de la segunda venida del Señor.

Conmemorando así los misterios de la Redención, **abre las riquezas del poder santificador y de los méritos de su Señor**, de tal manera que, en cierto modo, se hacen presentes en todo tiempo para que puedan los fieles ponerse en contacto con ellos y llenarse de la gracia de la salvación. (SC n° 102)

En la celebración de este círculo anual de los misterios de Cristo, **la santa Iglesia venera con amor especial a la bienaventurada Madre de Dios**, la Virgen María, unida con lazo indisoluble a la obra salvífica del su Hijo; en Ella, la Iglesia admira y ensalza el fruto más espléndido de la Redención y la contempla gozosamente, como una purísima imagen de lo que ella misma (la Iglesia), toda entera, ansía y espera ser. (SC n° 103)

Además, la Iglesia introdujo **en el círculo anual el recuerdo de los mártires y de los demás santos**, que llegados a la perfección por la multiforme gracia de Dios y habiendo ya alcanzado la salvación eterna, cantan la perfecta alabanza a Dios en el cielo e interceden por nosotros.

Porque al celebrar el tránsito de los santos de este mundo al cielo, la Iglesia proclama el misterio pascual cumplido en ellos, que sufrieron y fueron glorificados con Cristo, **propone a los fieles sus ejemplos**, los cuales atraen a todos por Cristo al Padre y por los méritos de los mismos implora los beneficios divinos. (SC n° 104)

Por último, <u>en diversos tiempos del año</u>, de acuerdo a las instituciones tradicionales, <u>la Iglesia completa</u> **la formación de los fieles** por medio de ejercicios de piedad, espirituales y corporales, de la instrucción, de la plegaria y las obras de penitencia y misericordia. En consecuencia, el Concilio decidió establecer lo siguiente (SC n° 105):

B) *Revalorización del domingo*

La Iglesia, por una tradición apostólica, que trae su origen del mismo día de la Resurrección de Cristo, celebra el misterio pascual cada ocho días, en el día que es llamado con razón <u>"día del Señor" o domingo</u>. En este día los fieles deben reunirse a fin de que, **escuchando** la Palabra de Dios y **participando** en la Eucaristía, recuerden la Pasión, la Resurrección y la gloria del Señor Jesús y den gracias a Dios, que *los «hizo renacer a la viva esperanza por la Resurrección de Jesucristo de entre los muertos»* (*1ª Pe*, 1,3). Por esto **el domingo es la fiesta primordial**, que debe presentarse e inculcarse a la piedad de los fieles, de modo que sea también <u>día de alegría y de liberación del trabajo</u>. No se le antepongan otras solemnidades, a no ser que sean de veras de suma importancia, puesto que **el domingo es el fundamento y el núcleo de todo el año litúrgico. (SC n° 106)**

C) *Revisión del año litúrgico*

<u>Revísese al año litúrgico de manera que</u>, conservadas o restablecidas las costumbres e instituciones tradicionales de los tiempos sagrados de acuerdo con las circunstancias de nuestra época, <u>se mantenga su índole primitiva</u> para que alimente debidamente la piedad de los fieles en la celebración de los misterios de la redención cristiana, muy especialmente del misterio pascual. Las adaptaciones, de acuerdo con las circunstancias de lugar, si son necesarias, háganse según la norma de los artículos 39 y 40. (SC n° 107)

D) Orientación de los fieles

Oriéntese el espíritu de los fieles, sobre todo, **a las fiestas del Señor**, en las cuales se celebran los misterios de salvación durante el curso del año. Por tanto, el ciclo temporal tenga su debido lugar **por encima de las fiestas de los santos**, de modo que se conmemore convenientemente el ciclo entero del misterio salvífico. (SC nº 108)

E) Cuaresma

Puesto que el tiempo cuaresmal prepara a los fieles, entregados más intensamente a oír la Palabra de Dios y a la oración, para que celebran el misterio pascual, sobre todo mediante el recuerdo o la preparación del bautismo y mediante la penitencia, dése particular relieve en la Liturgia y en la catequesis litúrgica al doble carácter de dicho tiempo. Por consiguiente:

a) Úsense con mayor abundancia los <u>elementos bautismales</u> propios de la Liturgia cuaresmal y, según las circunstancias, restáurense ciertos elementos de la tradición anterior.

b) Dígase lo mismo de los <u>elementos penitenciales</u>. Y en cuanto a la catequesis, incúlquese a los fieles, junto con <u>las consecuencias sociales del pecado</u>, <u>la naturaleza propia de la penitencia</u>, que lo detesta en cuanto es ofensa de Dios; no se olvide tampoco la participación de la Iglesia en la acción penitencial y encarézcase la <u>oración por los pecadores</u>. (SC nº 109)

F) Penitencia individual y social

La penitencia del tiempo cuaresmal <u>no debe ser sólo interna e individual</u>, sino <u>también externa y social</u>. Foméntese la práctica penitencial de acuerdo con las posibilidades de nuestro tiempo y de los diversos países y condiciones de los fieles y recomiéndese por parte de las autoridades de que se habla en el artículo 22 (*que nadie, aunque sea sacerdote, añada, quite o cambie cosa alguna por iniciativa propia en la Liturgia*)

Sin embargo, **téngase como sagrado el ayuno pascual**; ha de celebrarse en todas partes **el Viernes de la Pasión y Muerte del**

Señor y aun extenderse, según las circunstancias, al Sábado Santo, para que de este modo se llegue al gozo del Domingo de Resurrección con ánimo elevado y entusiasta. (SC nº 110)

G) *Fiestas de los santos*

De acuerdo con la tradición, la Iglesia rinde culto a los santos y venera sus imágenes y sus reliquias auténticas. Las fiestas de los santos proclaman las maravillas de Cristo en sus servidores y proponen ejemplos oportunos a la imitación de los fieles.

Para que las fiestas de los santos no prevalezcan sobre los misterios de la salvación, déjese la celebración de muchas de ellas a las Iglesias particulares, naciones o familias religiosas, extendiendo a toda la Iglesia sólo aquellas que recuerdan a santos de importancia realmente universal. (SC nº 111)

CAPÍTULO DÉCIMO

SOBRE LA IMPORTANCIA DEL CANTO EN LA LITURGIA

1. LA MÚSICA SAGRADA: SU DIGNIDAD

La tradición musical de la Iglesia universal constituye un tesoro de valor, constituye una parte necesaria o integral de la Liturgia solemne.

La música sacra, por consiguiente, será tanto más santa cuanto más íntimamente esté unida a la acción litúrgica, ya sea expresando con mayor delicadeza la oración o fomentando la unanimidad, ya sea enriqueciendo de mayor solemnidad los ritos sagrados. Además, la Iglesia aprueba y admite en el culto divino todas las formas de arte auténtico que estén adornadas de las debidas cualidades.

Por tanto, el Concilio, atendiendo a la finalidad de la música sacra, que es la gloria de Dios y la santificación de los fieles (nada de vanagloria humana o sensiblería), establece lo siguiente (SC nº 112):

a) Primacía de la Liturgia solemne

La acción litúrgica reviste una forma más noble cuando los oficios divinos se celebran solemnemente con canto **y en ellos** intervienen ministros sagrados **y el pueblo participa activamente.**

En cuanto a la lengua que debe usarse, cúmplase lo dispuesto en el artículo 36; en cuanto a la Misa, el artículo 54; en cuanto a los sacramentos, el artículo 63, en cuanto al Oficio Divino, el artículo 101. (SC nº 113)

b) Participación _activa_ de los fieles

Consérvese y cultívese con sumo cuidado el tesoro de la música sacra. Foméntense diligentemente las "Scholae cantorum", sobre todo en las iglesias catedrales. Los Obispos y demás pastores de almas procuren cuidadosamente que en cualquier acción sagrada con canto, toda la comunidad de los fieles pueda aportar la participación activa que le corresponde, a tenor de los artículos 28 y 30 (del cap° VI de la SC).

2. TALLER SOBRE EL CANTO EN LA LITURGIA

"Recitad entre vosotros salmos, himnos y cánticos inspirados. Cantad y salmodiad en vuestro corazón al Señor" (Ef 5,19; Col 3,16)

La Iglesia aprueba y admite en el culto divino todas las formas de arte auténtico que estén adornadas de las debidas cualidades…

La finalidad de la música sacra es la gloria de Dios y la santificación de los fieles…" (S.C. n° 112)

Siguiendo el orden de las citas conciliares, nos toca ahora decir dos palabras sobre **"las artes" en la Liturgia:** Entendemos que el local donde la Liturgia se celebra (como las imágenes y 'muebles'), llámese catedral, iglesia, capilla o ermita, debe sintonizar con la dignidad y belleza que merece el Señor. Me atrevo a decir que debe ser siempre sencillo y solemne, sin derroches de dinero y formas, que distraen más que concentran en el culto.

"La acción litúrgica reviste una forma más noble cuando los oficios divinos se celebran solemnemente con **cantos**… y el pueblo participa activamente… Todos los pastores procuren cuidadosamente que en cualquier acción sagrada con canto, toda la comunidad de los fieles pueda aportar la participación activa que le corresponde" (S.C. 113-114)

"Foméntese con empeño el **canto religioso popular**, de modo que en los ejercicios piadosos y sagrados, y en las mismas acciones litúrgicas, de acuerdo con las normas y prescripciones de las rúbricas, resuenen las voces de los fieles" (S.C. 118).

Como vemos, LAS DOS CITAS INSISTEN EN QUE TODOS LOS FIELES CANTEN, NO SÓLO EL CORO.

"La celebración eucarística es 'fuente' de la vida de la Iglesia y 'prenda' de la gloria futura. Por ella los fieles tienen acogida ante Dios Padre por su Hijo, muerto y glorificado. En la efusión del Espíritu Santo los fieles consiguen la comunión con la Santísima Trinidad, hechos partícipes de la naturaleza divina (1ª Pedr 1,4). **Por la celebración de la Eucaristía se edifica y crece la Iglesia** de Dios"* (de U.R. 15)

"Procuren los párrocos que la celebración del sacrificio eucarístico sea el centro y la cumbre de toda la vida de la comunidad cristiana, y, procuren, además, que los fieles se nutran del alimento espiritual por la recepción frecuente de los sacramentos y la participación, consciente y activa, en la liturgia" (C.D. 30,2) (cf. SC 10) ¡¡MUY INTERESANTE!!

3) UNOS PREVIOS IMPORTANTES:

En el canto, como en todo, debemos aspirar a la excelencia, lo cual requiere formación. No es suficiente con la 'buena voluntad'.- Siempre hay que empezar un taller con ánimo receptivo, nunca "a la defensiva".- En esta materia, como en todas, hemos de mantener un justo equilibrio dinámico: afirmar un extremo no es negar el otro, p.ej. ¿hay que renovar los cantos?: sí, pero sin enloquecer… ¿Me tengo que guiar por mis gustos o conocimientos?: sí, pero también por lo 'normado'.- Quien dirige un Taller no es infalible, ni el único criterio posible, de ahí que cada miembro debe aportar sus ideas y someter todo a discernimiento.

1. Los cantores son un "servicio litúrgico", pero no es el único, están también los 'acomodadores', los monitores, los lectores…

2. Los cantores deben ser "orantes", porque cantar es 'orar dos veces' (S. Agustín) y ayudar a los fieles a rezar con el canto, dando buen ejemplo, evitar, además, estar hablando mientras no cantan; mirar para un lado y otro, etc. La misa **no** se oye, se celebra; y el canto no es para que los fieles lo oigan, sino para que lo canten orando ellos también. Oír es pasivo y en la misa todos somos agentes.

3. Sólo sería buen cantor quien comulga en todas las eucaristías; quien va a la eucaristía todos los domingos y no sólo va al templo cuando canta; quien vive fuera del templo como verdadero cristiano…

4. Todos los cantores es bueno que sean 'entendidos en la Liturgia' y por eso capaces de educar al pueblo **con** el que cantan y **para** el que cantan. Si hay cantorales para todos, mejor; debe anunciarse con voz clara la página o el número del canto, con tiempo suficiente. En algunos Grupos se usa un proyector con la letra que se está cantando, para que nadie se distraiga con el cantoral.

5. En los cantos, como en todo, hay que esforzarnos en guardar una difícil <u>doble fidelidad</u>: a la liturgia y a la asamblea; pero siempre tirando para arriba del pueblo antes que rebajar la liturgia.

6. Lo ideal es que el coro ayude a cantar (orar) a toda la Asamblea y para eso es muy importante usar cantos sencillos, que puedan ser cantados por toda la asamblea, con <u>letra</u> y <u>*música*</u> bellas. Las dos cosas deben ser bellas y ayudar a orar.

7. Todos los cantos de cada celebración deben ser ensayados −en ambiente de oración- antes de empezar la eucaristía, mientras están llegando los fieles al templo, <u>explicando el sentido del texto</u> y su correspondencia con la celebración del día. Cuídese mucho que los fieles aprendan la letra sin errores, que a veces son producto de aprenderlos de oído sin verlos escritos.

8. El coro debe fomentar **los silencios** propios de la eucaristía, que nunca deberían ser ocupados por los cantos. Hágase silencio total antes de salir el Sacerdote, para que todos podamos 'recogernos'; y, muy especialmente, una vez terminada la procesión de la comunión, para que cada fiel pueda hablar con el Señor.

9. Pongamos mucho cuidado en que <u>las letras</u> no tengan errores gramaticales, den devoción, ayuden a <u>hablar</u> con Dios, a

expresarle nuestros sentimientos más hondos; a responder a Dios. Mejor si son trozos de la Palabra de Dios o textos de la liturgia. No es bueno que sean cantos profanos que nos traigan el recuerdo del autor o fiestas no religiosas donde se oyeron por primera vez.

10. A nivel musical, que tengan dignidad y belleza las piezas que se cantan y que los instrumentos no impidan captar la letra.

11. Los cantos siempre deben buscar ayudar a la oración personal, nunca 'suplirla'. Por eso hay cantos de muchos tipos: arrepentimiento, agradecimiento, meditación, contemplación, repetitivos, para levantar el ánimo o la alabanza… cantos lentos y cantos rápidos… suaves y fuertes…

12. Los cantos más importantes en la Eucaristía son la entrada y el Santo. Las antífonas de entrada, el salmo, el aleluya y la antífona de comunión, si se cantan, deberían ser cantadas con la letra de ese día y no ser cambiadas por otras letras.

13. Las tres procesiones de toda eucaristía pueden ser acompañadas por sendos cantos; pero si en el Ofertorio no se hace procesión de ofrendas, sería bueno que hubiera silencio, para que cada fiel pueda "presentarse" al Padre mientras el sacerdote "presenta (no 'ofrece') el pan y el vino". Obsérvese que, aunque este momento se llama OFERTORIO, no es cuando ofrecemos el sacrificio de Cristo al Padre en señal de agradecimiento (eucaristía), porque el pan y el vino no están todavía consagrados.

14. Es muy importante que los cantores enseñen al pueblo con su ejemplo que los cantos litúrgicos han de salir de dentro (del corazón) a fuera (la boca) pasando simultáneamente por el pensamiento (**dándome cuenta de lo que digo** y diciéndolo con todo mi ser, no sólo con la boca). Por esto no pueden ser estridentes, feos de letra, difíciles de interpretar…

15. No cantar con tonos chillones, que no pueden ser cantados por todos y no dan devoción ni ayudan a orar.

16. Los cantores están haciendo <u>un servicio</u> a los hermanos, porque son un *ministerio litúrgico*. No van a lucirse. Deben procurar "desaparecer" y no colocarse entre el canto y los hermanos (como el árbitro que debe procurar no hacerse notar).

17. Todos somos conscientes de que los cristianos pretendemos manipular los sacramentos. Es bueno que los coros no se dejen manipular y 'comprar' para cantar misas de personas o acontecimientos que sólo pretenden el espectáculo o el lucimiento. EVITEMOS, siempre, establecer categorías dentro del templo: "los que pueden pagar, o tienen un coro amigo, tienen ceremonias más vistosas que los que no"…

18. ¿Cuál es el mejor lugar donde colocarse el coro?: para mí es al lado del altar, de modo que todos lo vean y el director pueda dirigir al mismo tiempo al pueblo. ¿Nunca en el Coro del templo?..........

19. Los miembros del coro deben dar ejemplo a la hora del seguimiento de toda la eucaristía: de las posturas, de las respuestas, de la escucha atenta de la Palabra, del silencio interiorizado, del vestido con que se presentan, de la comunión (comulgan los primeros, mejor que los últimos)…

20. A veces el coro puede cantar las estrofas y el pueblo el estribillo (previo ensayo antes de comenzar la Eucaristía)

21. Hay unas pocas solemnidades (eclesiales, no 'civiles' o patrióticas) en las que se puede cantar a voces cantos más solemnes, en los que la asamblea no interviene, pero no se abuse de ese tipo de cantos, tiéndase siempre a que toda la Asamblea sea la que cante.

22. Hagamos un esfuerzo por **desterrar dos prácticas incorrectas**: a) <u>duplicar acciones</u> (p.ej. el cura ha recitado el "Señor…, Cristo…, ten piedad" y el coro lo canta a continuación); y **b)** <u>cantar todas las estrofas de una canción</u>, en lugar de escoger una o dos, que son las que mejor riman con la Palabra de ese día o el momento litúrgico. No alarguemos innecesariamente la eucaristía, llegando a sumar más minutos

los cantos, en algunas misas, que la homilía y la parte central (la Plegaria eucarística: consagración, ofrecimiento, memorias por vivos y difuntos). La eucaristía es como un puzler, en el que todas las partes son necesarias, pero no todas tienen la misma importancia; si una de ellas se alarga excesivamente, descompone el puzler.

23. No es lo mismo usar una música suave de fondo, que cantar letras; en este 2º caso se debe vocalizar bien, para que se entienda con facilidad la letra y uno la pueda "hacer suya". Al ser la eucaristía una acción comunitaria, no privada, todos debemos ir al unísono, rechazando todo individualismo. Pensemos en el ejemplo de una orquesta, en la que todos los instrumentos interpretan la misma melodía bajo la batuta del Director, aunque cada instrumento suena distinto a los otros; los momentos de silencio equivaldrían al solista (yo y Dios)

24. <u>Canto de entrada</u>: su momento es después de la Monición Inicial y su "significado" es unirnos en una sola intención y voz a los que somos diversos y nos hemos de centrar en el objetivo común: ce-le-brar la Eucaristía con intensidad. Por eso debe ser cantado por toda la asamblea (y para ello, ensayado antes de la Monición).

25. <u>Canto del "Señor, ten piedad"</u>: si el sacerdote lo dice, no se canta. Si se quiere cantar, se acuerda con el Padre, si el coro hará las frases y el pueblo el "Señor, ten piedad"; o el Padre las frases y el coro con el pueblo "Señor, ten piedad"; o las dos cosas todo el pueblo;

26. <u>Canto interleccional (EL SALMO)</u>: su momento es después de la primera lectura. Resulta muy importante que EL ESTRIBILLO sea repetido por la asamblea y las estrofas por un solo cantor (si no puede cantarse, se puede semitonar)

27. <u>Canto del Aleluya</u>: Todos cantan sólo la palabra 'Aleluya' y un cantor lee el texto, lo canta o semitona; y todos vuelven a cantar 'Aleluya'.

28. Oración de los fieles: alguna vez podría cantarse por todos la breve respuesta a las peticiones.

29. **Si hay procesión de Ofrendas**, que NUNCA debe ser larga, téngase cuidado con los símbolos que se ofrecen, porque lo importante es la ayuda a los pobres y el pan y vino; se puede cantar el canto de Ofertorio, de manera que no se retrase la continuación de la celebración.

30. **El SANTO** debe ser cantado por toda la asamblea, no sólo por el coro, porque es una aclamación solemne de todos. Puede cambiarse de vez en cuando la música, pero siempre respetando la letra litúrgica. Al ser una aclamación al Señor, más bien habría que decir *llenos están el cielo y la tierra de TU gloria* que de *su…* Los entendidos afirman que es el canto más importante de toda la eucaristía.

31. Elevación del pan y el cáliz tras ser consagrados: en algunas ocasiones podría haber un canto de alabanza o adoración breve.

32. El 'AMÉN' FINAL DE LA PLEGARIA también puede solemnizarse con el canto "Amén"

33. El Padre Nuestro, si se canta, sea con su letra. Nunca se dice "Amén", porque el sacerdote retoma la última frase y dice: *Líbranos, Señor de…*

34. El Cordero de Dios (y la Paz), también (Obsérvese que el modo tan festivo de dar la Paz y la música al mismo tiempo puede estorbar más que ayudar a la comunión. Quizás por eso se habla de que Roma está pensando cambiar el momento de la paz.

35. Durante la Comunión: procúrese que la letra responda a la Palabra del día. Sea de Acción de Gracias fundamentalmente. **No dure** todo el tiempo del reparto de la comunión **y no continúe una vez concluido el reparto**, para que **los fieles tengan ocasión de hablar personalmente con el Señor** (fundamentalmente, darle gracias y resumir en frase breve lo que Dios le ha insinuado −ofrecido o pedido- en esta

eucaristía), y no se alargue mucho la eucaristía. (Recuérdese el valor y significado de la "procesión" para comulgar: es imagen de nuestra peregrinación en esta tierra, para encontrarnos con el Señor)

36. El canto de despedida: NO ES NECESARIO, puesto que muchas veces no hay procesión aunque la haya habido al inicio; ni es propio que sea a la Virgen, sino de envío o de compromiso para llevar fuera (a los otros) lo que hemos vivido en la eucaristía.

37. RECUÉRDESE QUE SERÍA BUENO MANTENER EL SILENCIO Y LA ACCIÓN DE GRACIAS DESPUÉS DE CONCLUIR LA EUCARISTÍA.

LEAMOS AHORA DOS TESTIMONIOS IMPORTANTES:

Uno de San Juan Pablo II y otro del Obispo de Lima, Mons. Eguren:

JUAN PABLO II LLAMÓ A UNA RENOVACIÓN RADICAL DEL CANTO LITÚRGICO

En un mensaje autógrafo sobre la renovación de la música sacra, el Papa Juan Pablo II llamó a la Iglesia a emprender una profunda renovación del canto litúrgico y de la música en la Misa y en otras celebraciones eclesiales… Quiero recordar la importante función de la música sacra, que San Pío X presenta tanto como medio de elevación del espíritu a Dios, como preciosa ayuda para los fieles en la participación activa de los sacrosantos misterios y en la oración pública y solemne de la Iglesia"

El Papa propuso nueve "principios fundamentales respecto de la composición y el uso de la música en las celebraciones litúrgicas'". Transcribo aquí el 9º que señala la urgencia de promover una sólida formación tanto de los pastores como de los fieles laicos" en este campo.

El Pontífice reconoce el valor de **la música popular litúrgica**, pero respecto de ella señala: "hago mía la 'ley general' que San Pío X formulaba en estos términos: 'Tanto una composición para la iglesia es más sagrada y litúrgica, cuanto más en el ritmo, en la inspiración y en el sabor se apoya en la melodía gregoriana, y tanto menos es digna del templo, cuanto más alejada se reconoce de aquel supremo modelo".

"También confío que las Conferencias episcopales **realicen cuidadosamente el examen de los textos destinados al canto litúrgico**, y presten especial atención a la evaluación y promoción de melodías que sean verdaderamente aptas para el uso sagrado", concluye el Pontífice. (Vaticano, 3 Dic. 03, ACI).-

MONS. EGUREN: UN BUEN CORO AÑADE SOLEMNIDAD

El Obispo de Lima (Perú) señaló que "la Iglesia siempre ha tenido en gran estima a los coros, ya que une y también **ayuda y alienta a través del canto a que la asamblea congregada celebre de manera más plena, consciente y activa** el misterio de la fe"; pero aclaró que para que la "música sagrada pueda ser también litúrgica son necesarias algunas condiciones".

Mons. Eguren resaltó que es necesario "**un texto que esté tomado principalmente de la** Sagrada **Escritura** y de las fuentes litúrgicas; y que **corresponda** al tiempo litúrgico celebrado (una melodía navideña no sería litúrgica, si es cantada en cuaresma)". Y la prudente y contenida **duración del canto** (la Santa Misa no es un concierto)".

Señaló como un error que algunos coros **no suelen respetar el "silencio sagrado"** en la acción litúrgica

----

Para concluir este capítulo "Sobre la importancia del canto en la liturgia", merece la pena leer este artículo, cortesía de Camineo.info

Muchas veces me he preguntado, por qué los cantos escritos por Kiko Argüello gustan tanto a la gente. Musicalmente hablando, son más bien normales y casi todos parecidos. ¿Qué es lo que tienen? Algunos dicen que es la letra, sin embargo yo creo que tienen algo más. Es como se cantan. No son un mero instrumento en una celebración… son como una oración más.

Se insertan en la liturgia como parte importante y ayudan a la misma a que tenga eficacia. "Como parte integrante de la liturgia solemne, la música sagrada tiende a su mismo fin, el cual consiste en la gloria de Dios y la santificación y edificación de los fieles". (Motu Propio "Tra le Sollecitudini" de San Pío X, Título I, Art. 1º)

Decía San Agustín: "El que canta ora dos veces". De hecho, ya en los tiempos del Antiguo Testamento, "el Pueblo de Dios, librado milagrosamente del Mar Rojo, cantó al Señor un himno de victoria" (Instrucción sobre la Música Sagrada de Pío XII). A continuación, sobre todo con los reyes David y Salomón, se empezó a usar el canto como oración. Ahí están los 150 Salmos escritos casi todos por ellos, cada uno cargado de una fuerte experiencia en Dios, que aún hoy en día usamos los cristianos para dirigirnos al Señor. Algunos representan el sufrimiento, otros la alabanza a Dios. El Apóstol San Pablo, ya lo recomendaba a los primeros cristianos y en concreto a los de Éfeso: "Llenaos del Espíritu Santo, recitando entre vosotros salmos e himnos y cantos espirituales". De hecho, "El arte (en este caso el Canto) ciertamente debe contarse entre las manifestaciones más nobles del ingenio humano, pues tiende a expresar con obras humanas la infinita belleza de Dios, de la que es como un reflejo" (Instrucción del Papa Pío XII sobre la Música Sagrada)

Así pues, cuando cantamos en una celebración no podemos dedicarnos a poner la voz y pensar solo en hacerlo bien. El canto tiene que surgir desde lo profundo de nuestro ser. Comentaba Kiko Argüello en una convivencia con algunos salmistas (así se llaman los cantores del Camino Neocatecumenal), que la labor de los mismos es hacer a la Asamblea entrar en oración, poniendo a su servicio su voz y la guitarra. Llegamos así a una definición interesante de los cantores: realizan un servicio a la Asamblea. Ayudan a que la Liturgia sea más ágil y conectan con los fieles reunidos en torno a Jesucristo, como es reflejado en la Carta Apostólica "Divinis Cultus Sanctitatem" de Pio XI, "El pueblo de espectador debe pasar a parte activa en el canto litúrgico (Título VII, Art. 20) y añade a continuación "Apliquense activamente uno y otro Clero, con la guía y tras del ejemplo de los Obispo y Ordinarios, a fomentar directamente, o por medio de personas entendidas, esta enseñanza litúrgico-musical del pueblo, como cosa que está tan estrechamente unida con la doctrina cristiana".

En la Instrucción "Musicam Sacram" de la Sagrada Congregación de Ritos y del Consilimu, "Los fieles cumplen su función litúrgica mediante la participación plena consciente y activa. Esta participación es un derecho y una obligación para el pueblo cristiano en virtud de su bautismo" A lo cual, explica además "La participación debe de ser interior, que por medio de ella se unen en espíritu a lo que pronuncian o escuchan, y exterior, que la participación interior se exprese por medio de los gestos y las actitudes corporales, por medio de las aclamaciones, las respuestas y el canto"

Pero, ¿Cuál es el significado real de hacer un servicio? Sin lugar a dudas es dejar de ser egoísta y poner tu carisma (cantor, equipo de liturgia, acólito, etc) al servicio del "otro", sin buscar tu propio interés. Así pues, realizar un servicio está unido a la humildad. Explica el propio Kiko a los salmistas del Camino Neocatecumenal: "cantad además con humildad: sed conscientes de que no podéis engañar a la Asamblea" y Juan Pablo II en su Carta a los Artistas: "quien percibe en sí mismo esta especie de destello divino que es la vocación artística, advierte al mismo tiempo la obligación de no malgastar ese talento, sino de desarrollarlo para ponerlo al servicio del prójimo y de toda la humanidad".

Otro punto importante, referido al cantor, se encuentra en la Instrucción del Papa Pío XII sobre la Música Sagrada: "La expresión artística sea para él como un acto de culto y de la religión, apto para estimular al pueblo en la profesión de fe y en la práctica de la piedad", es decir, un salmista tiene que creerse y entender lo que está cantando para poder presentarlo a Dios como si fuera una oración o una ofrenda. De hecho, el propio Kiko Argüello, en una catequesis de la II Convivencia de Cantores en Madrid (Marzo 1978), dice "El Cantor se va formando conforme vive su fe". Y añade en esa misma catequesis: "Ciertamente hace falta también un mínimo de técnica para cantar y tocar. Si no lo tienes, recibe lecciones de un maestro. Indicará que amas el carisma, pero para cantar con espíritu se requiere la conversión, en definitiva, la fe".

Sin embargo, hay algo más para ser cantor. Un salmista debe conocer la liturgia. Así lo recomienda la Instrucción "Musicam Sacram" con estas palabras: "Además de la formación musical, se dará también a los miembros del coro una formación litúrgica y espiritual adecuada, de manera que al desempeñar perfectamente su función religiosa, no aporten solamente más belleza a la acción sagrada y un excelente ejemplo a los fieles, sino que adquieran ellos mismos un verdadero fruto espiritual".

Esto también es una cuestión práctica. El salmista debe conocer qué cantos corresponde a los distintos tiempos litúrgicos (Adviento, Navidad, Cuaresma, Pascua y Ordinario), qué partes pueden hacerse cantadas o recitadas dependiendo de las festividades; y de qué manera se deben cantar ciertos himnos del misal (Ejemplo: El Agnus Dei [Cordero de Dios], es un himno que sólo se debe cantar mientras se está partiendo el pan y para ello se repite las veces necesarias). En el Quirógrafo de Juan Pablo II sobre la Música Sacra en el centenario del Motu Proprio "Tra le Sollecitudini" se lee: "La música Sagrada será tanto más santa cuanto más estrechamente esté vinculada a la acción litúrgica". Si el salmista no conoce la liturgia de la Iglesia, ¿cómo podrá saber si es eficaz la misma?

Una anotación digna de mención que comenta esta Instrucción es que fomenta el acompañamiento de los cantos con instrumentos, añadiendo una aclaración: "el sonido de los instrumentos jamás debe cubrir ni dificultar la comprensión del texto", es decir, la voz deber permanecer por encima de los instrumentos. Si no es así, ¿escucharemos la oración del salmista, podremos comprenderla y nos podremos unir a ella?

Anteriormente se ha explicado claramente que el canto debe cumplir el llegar a los corazones de los fieles, al igual que la liturgia, y provocar la participación activa de los mismos. Muchas veces cometemos el error de querer introducir gran cantidad de instrumentos de acompañamiento, buscando la belleza y no nos damos cuenta de que tapan lo verdaderamente importante y que puede ayudar al resto de la Asamblea: la letra.

Claramente, hemos visto la importancia del canto en la liturgia. Forma parte de ella y ayuda a la participación activa del pueblo. También hemos visto que los cantores realizan un servicio al pueblo de Dios, reunido en ese momento para la celebración litúrgica. Sobre ellos también hemos sacado una conclusión importante: el Salmista debe comprender y tener fe en lo que canta. El que no la tiene, no sólo no llegará a darle gran belleza al canto, sino que no ayudará a la Asamblea a orar.

Efectuando una comparación con estas palabras de San Pablo: "Aunque hablara la lengua de los ángeles, si no tengo amor, de nada me sirve", de la misma manera pasa con el cantor. Tocará estupendamente la guitarra y tendrá la voz más bonita del mundo, pero sin espíritu, de nada sirve. Todo lo que hagamos, debe ser para gloriarnos en el Señor. Entendiendo esto, debemos darnos cuenta de que el cristiano vive para alabar al Señor, como dice el Salmo 34: "Bendeciré al Señor en todo momento, en mi boca siempre la alabanza". Cada uno está llamado a hacerlo desde nuestra situación particular. En esto reconocemos que Dios es nuestro único señor y que lo amamos con todo el corazón y con toda el alma…en el fondo lo que todo cristiano debe buscar, porque el resto (el habla para catequizar, la voz para cantar o leer bien las lecturas…) se nos dará por añadidura. (CortesíaCamineo. info 20-IX-2006)

c) *Formación musical*

Dése mucha importancia a la enseñanza y a la práctica musical en los seminarios, en los noviciados de religiosos de uno y otro sexo y en las casas de estudios, así como también en los demás institutos y escuelas católicas; para que se pueda impartir esta enseñanza, fórmense con esmero profesores encargados de la música sacra.

Se recomienda, además, que, según las circunstancias, se erijan Institutos Superiores de música sacra.

Dése también una genuina educación litúrgica a los compositores y cantores, en particular a los niños.

Canto gregoriano y canto polifónico

La Iglesia reconoce **el canto gregoriano como el propio de la liturgia romana**; en igualdad de circunstancias, por tanto, hay que darle el primer lugar en las acciones litúrgicas.

Los demás géneros de música sacra, y en particular **la polifonía, de ninguna manera han de excluirse en la celebración de los oficios divinos**, con tal que respondan al espíritu de la acción litúrgica a tenor del artículo 30.

Edición de libros de canto gregoriano

Complétese la edición típica de los libros de canto gregoriano; más aún: prepárese una edición más crítica de los libros ya editados después de la reforma de San Pío X.

También conviene que se prepare una edición que contenga modos más sencillos, para uso de las iglesias menores.

Canto religioso popular

Foméntese con empeño el canto religioso popular, de modo que en los ejercicios piadosos y sagrados y en las mismas acciones litúrgicas, de acuerdo con las normas y prescripciones de las rúbricas, resuenen las voces de los fieles.

Estima de la tradición musical propia

Como en ciertas regiones, principalmente en las misiones, hay pueblos con tradición musical propia que tiene mucha importancia en su vida religiosa y social, dése a esta música la debida estima y el lugar correspondiente no sólo al formar su sentido religioso, sino también al acomodar el culto a su idiosincrasia, a tenor de los artículos 39 y 40.

Por esta razón, en la formación musical de los misioneros procúrese cuidadosamente que, dentro de lo posible, puedan promover la música tradicional de su pueblo, tanto en las escuelas como en las acciones sagradas.

Órgano de tubos y otros instrumentos

Téngase en gran estima en la Iglesia latina el órgano de tubos, como instrumento musical tradicional, cuyo sonido puede aportar un esplendor notable a las ceremonias eclesiásticas y levantar poderosamente las almas hacia Dios y hacia las realidades celestiales.

En el culto divino se pueden admitir otros instrumentos, a juicio y con el consentimiento de la autoridad eclesiástica territorial competente, a tenor de los arts. 22 § 2; 37 y 40, siempre que sean aptos o puedan adaptarse al uso sagrado, convengan a la dignidad del templo y contribuyan realmente a la edificación de los fieles.

Cualidades y misión de los compositores

Los compositores verdaderamente cristianos deben sentirse llamados a cultivar la música sacra y a acrecentar su tesoro.

Compongan obras que presenten las características de verdadera música sacra y que no sólo puedan ser cantadas por las mayores "Scholae cantorum", sino que también estén al alcance de los coros más modestos y **fomenten la participación <u>activa</u> de toda la asamblea de los fieles.**

Los textos destinados al canto sagrado deben estar de acuerdo con la doctrina católica; más aún: deben tomarse principalmente de la Sagrada Escritura y de las fuentes litúrgicas.

CAPÍTULO ONCEAVO

EL ARTE Y LOS OBJETOS SAGRADOS

1. Dignidad del arte sagrado

Entre las actividades más nobles del ingenio humano se cuentan, con razón, las bellas artes, principalmente el arte religioso y su cumbre, que es el arte sacro.

Estas, por su naturaleza, están relacionadas con la infinita belleza de Dios, que intentan expresar de alguna manera por medio de obras humanas. Y tanto más pueden dedicarse a Dios y contribuir a su alabanza y a su gloria cuanto más lejos están de todo propósito que no sea colaborar lo más posible con sus obras para orientar santamente los hombres hacia Dios.

Por esta razón, la santa madre Iglesia fue siempre amiga de las bellas artes, buscó constantemente su noble servicio, principalmente para **que las cosas destinadas al culto sagrado fueran en verdad dignas, decorosas y bellas,** signos y símbolos de las realidades celestiales. Más aún: la Iglesia se consideró siempre, con razón, como árbitro de las mismas, **discerniendo entre las obras de los artistas aquellas que estaban de acuerdo con la fe, la piedad y las leyes religiosas tradicionales y que eran consideradas aptas para el uso sagrado.**

La Iglesia procuró con especial interés **que los objetos sagrados sirvieran** al esplendor del culto **con dignidad y belleza,** aceptando los cambios de materia, forma y ornato que el progreso de la técnica introdujo con el correr del tiempo.

En consecuencia, los Padres del Vaticano II decidieron determinar, acerca de este punto, lo siguiente:

2. Libre ejercicio de estilo artístico

La Iglesia nunca consideró como propio ningún estilo artístico, sino que acomodándose al carácter y condiciones de los pueblos y a las necesidades de los diversos ritos, **aceptó las formas de cada tiempo**, creando en el curso de los siglos un tesoro artístico digno de ser conservado cuidadosamente. También el arte de nuestro tiempo, y el de todos los pueblos y regiones, ha de ejercerse libremente en la Iglesia, con tal que sirva a los edificios y ritos sagrados con el debido honor y reverencia; para que pueda juntar su voz a aquel admirable concierto que los grandes hombres entonaron a la fe católica en los siglos pasados.

3. Arte auténticamente sacro

Los Ordinarios, al promover y favorecer un arte auténticamente sacro, **busquen más una noble belleza que la mera suntuosidad**. Esto se ha de aplicar también a las vestiduras y ornamentación sagrada.

Procuren cuidadosamente los Obispos que sean excluidas de los templos y demás lugares sagrados aquellas obras artísticas que repugnen a la fe, a las costumbres y a la piedad cristiana y ofendan el sentido auténticamente religioso, ya sea por la depravación de las formas, ya sea por la insuficiencia, la mediocridad o la falsedad del arte.

Al edificar los templos, **procúrese con diligencia** que sean aptos para la celebración de las acciones litúrgicas y para conseguir la participación **activa** de los fieles.

4. Imágenes sagradas

Manténgase firmemente la práctica de exponer imágenes sagradas a la veneración de los fieles; con todo, que sean pocas en número y **guarden entre ellas el debido orden**, a fin de que no causen extrañeza al pueblo cristiano ni favorezcan una devoción menos ortodoxa.

---¡Ojo con anteponer ninguna imagen a la de Jesucristo!, porque Él es el único Salvador y Mediador, mientras que María y los santos son dedos que apuntan a Cristo, escaleras que deben llevarnos a Dios, puesto que la escalera no está hecha para permanecer en ella, sino para subir al apartamento---

5. Vigilancia de los Ordinarios

Al juzgar las obras de arte, el Obispo del lugar consulte a la Comisión Diocesana de Arte Sagrado, y si el caso lo requiere, a otras personas muy entendidas, como también a las Comisiones de que se habla en los artículos 44, 45 y 46.

Vigilen con cuidado los Obispos para que los objetos sagrados y obras preciosas, dado que son ornato de la casa de Dios, no se vendan ni se dispersen.

6. Formación integral de los artistas

Los Obispos, sea por sí mismos, sea por medio de sacerdotes competentes, dotados de conocimientos artísticos y aprecio por el arte, interésense por los artistas, a fin de imbuirlos del espíritu del arte sacro y de la sagrada Liturgia.

Se recomienda, además, que, en aquellas regiones donde parezca oportuno, se establezcan escuelas o academias de arte sagrado para la formación de artistas.

Los artistas que llevados por su ingenio desean glorificar a Dios en la santa Iglesia, recuerden siempre que su trabajo es una cierta imitación sagrada de Dios creador y que sus obras están destinadas al culto católico, a la edificación de los fieles y a su instrucción religiosa.

7. Revisión de la legislación del arte sacro

Revísense cuanto antes, junto con los libros litúrgicos, de acuerdo con el artículo 25, los cánones y prescripciones eclesiásticas que se refieren a la disposición de las cosas externas del culto sagrado, sobre todo en lo referente a la apta y digna edificación de los templos, a la forma y construcción de los altares, a la nobleza, colocación y seguridad del sagrario, así como también a la funcionalidad y dignidad del baptisterio, al orden conveniente de las imágenes sagradas, de la decoración y del ornato. Corríjase o suprímase lo que parezca ser menos conforme con la Liturgia reformada y consérvese o introdúzcase lo que la favorezca.

En este punto, sobre todo en cuanto a la materia y a la forma de los objetos y vestiduras sagradas se da facultad a las Asambleas territoriales de Obispos para adaptarlos a las costumbres y necesidades locales, de acuerdo con el artículo 22 de esta Constitución. (SC n° 128)

8. Formación artística del clero

Los clérigos, mientras estudian filosofía y teología, **deben ser instruidos también sobre la historia y evolución del arte sacro** y sobre los sanos principios en que deben fundarse sus obras, de modo que sepan apreciar y conservar los venerables monumentos de la Iglesia y puedan orientar a los artistas en la ejecución de sus obras.

Insignias pontificales

Conviene que el uso de insignias pontificales se reserve a aquellas personas eclesiásticas que tienen o bien el carácter episcopal o bien alguna jurisdicción particular.

APÉNDICE SOBRE LA REVISIÓN DEL CALENDARIO DE LA IGLESIA

La SC concluye con el siguiente A P É N D I C E sobre la revisión del calendario de la Iglesia (que hasta hoy no coincide con el civil: el año comienza en éste el 1 de enero; mientras que el eclesiástico se inicia con el Primer Domingo de Adviento, anterior siempre al 25 de diciembre)

"El Concilio Ecuménico Vaticano II, reconociendo la importancia de los deseos de muchos con respecto a la fijación de la fiesta de Pascua en un domingo determinado y a la estabilización del calendario litúrgico, después de examinar cuidadosamente las consecuencias que podrían seguirse de la introducción del nuevo calendario, declara lo siguiente:

1. El Concilio no se opone a que la fiesta de Pascua se fije en un domingo determinado dentro del Calendario Gregoriano, con tal que den su asentimiento todos los que estén interesados, especialmente los hermanos separados de la comunión con la Sede Apostólica. (En el mundo occidental nos regimos por el calendario gregoriano, es el calendario adoptado por la mayoría de países de todo el mundo para la medición del tiempo. Instaurado por el Papa Gregorio XIII, de ahí su nombre, en 1582 vino a sustituir el hasta entonces calendario oficial, el *juliano*. La reforma buscó solucionar los errores con los que contaba el calendario juliano, que acumulaba cada año 11 minutos de más. Fueron los estudiosos y matemáticos de la Universidad de Salamanca quienes portaron a término los nuevos cálculos para una mejora en la medición del tiempo y definieron el nuevo calendario hacia 1580, pero no se instauró oficialmente hasta 1582).

2. Además, el Concilio declara que la Iglesia no se opone a los diversos proyectos que se están elaborando para establecer el **calendario perpetuo** e introducirlo en la sociedad civil, con tal que conserven y garanticen la semana de siete días con el domingo, sin añadir ningún día que quede al margen de la semana, de modo que la sucesión de las semanas se mantenga intacta, a no ser que se presenten razones gravísimas, de las que juzgará la Sede Apostólica.

En nombre de la Santísima e individua Trinidad, Padre, Hijo y Espíritu Santo, todas y cada una de las cosas contenidas en esta Constitución han obtenido el beneplácito de los Padres del Concilio Vaticano II. Y Nos, en virtud de la potestad apostólica recibida de Cristo, juntamente con los Venerables Padres, las aprobamos, decretamos y establecemos en el Espíritu Santo y mandamos que lo así decidido conciliarmente sea promulgado para gloria de Dios".

Roma, en San Pedro, 4-XII-1963.-Yo, PABLO VI, Obispo de la Iglesia Católica

Printed in the United States
By Bookmasters